道德與科學的掙扎，背負國家使命的
原子彈之父，核武終究是必要之惡

# 戰爭終結者

# 歐本海默

*Julius Robert Oppenheimer*

陳劭芝，許興勝 編著

有人說他是偉大的科學家，因爲他的創見讓能源產生更進步
也有人說他是戰爭罪人，因爲原子彈就是滅世的惡器

## 他是核戰之祖──歐本海默

「身爲一位科學家必須堅信，知識以及它所賦予的力量
對全人類有眞正的價值；更須確信，
你是在利用它的力量來傳播知識，而你也願意承受一切的後果。」

# 目錄

# 目錄

## 迷茫歲月

## 失意晚年

# 目錄

## 附錄

# 序

## 生卒與經歷

羅伯特・歐本海默 (Julius Robert Oppenheimer, 1904～1967)，出生於美國紐約富裕的德裔猶太人家庭，物理學家。「曼哈頓計劃」（Manhattan Project) 的主要領導者之一，被譽為美國「原子彈之父」。

1925 年，歐本海默以榮譽學生的身分畢業於美國哈佛大學，隨後到英國劍橋大學深造；1926 年，轉到德國哥廷根大學；1927 年，憑藉量子力學論文獲榮譽博士學位。

1927 年夏，歐本海默學成歸國，先去哈佛大學，然後到伯克利加州大學和帕薩迪納加州理工學院任教。其間，1928～1929 年，他曾又赴歐洲，先後在萊頓大學和蘇黎世大學做研究，始終矚目於物理學發展的最前沿。未到而立之年，他已確立在美國物理學界的領先地位。

1942 年，被任命為洛斯阿拉莫斯實驗室主任，祕密進行研製原子彈的「曼哈頓計劃」。27 個月以後，數以千計的專家在歐本海默的領導下，成功地製造出世界上第一顆原子彈。

1945 年 8 月，美國將原子彈投到日本的廣島和長崎。

1965 年，歐本海默患了肝炎，身體不佳。1967 年 2 月 18 日在普林斯頓因喉癌去世。享年 62 歲。

## 成就與貢獻

他與玻恩合作，發表了〈分子的量子理論〉一文，奠定了研究分子光譜的基礎，樹立了分子研究的經典。

1942 年，他被任命為戰時洛斯阿拉莫斯實驗室主任，成為製造原子彈的「曼哈頓計劃」的技術領導。1947 年又任普林斯頓高等研究院院長，並於次年當選美國物理學會主席。

1945 ～ 1953 年，歐本海默成為美國政府和國會制定原子能政策的主要顧問之一，包括擔任過兩屆美國政府原子能委員會的總顧問委員會主席。

他懷著對於原子彈危害的深刻認識和內疚，懷著對於美蘇之間將展開核軍備競賽的預見和擔憂，懷著堅持人類基本價值的良知和對未來負責的社會責任感，滿腔熱情地致力於透過聯合國來實行原子能的國際控制與和平利用，主張與包括蘇聯在內的各大國交流核科學情報以達成相關協議，並反對美國率先製造氫彈。

退出政壇以後，歐本海默全身心地投入到普林斯頓高等研究院的教學和管理之中，把他的教學風格和管理才能在這裡發揚光大，並舉辦了一系列重要的國際學術活動，促進了其間量子理論的發展。

## 地位與影響

　　他曾早在 1930 年就預言正電子的存在，在 1931 年指出有整數和半整數不同自旋的粒子有不同的理論結構，並結合當時有關宇宙射線和原子核物理的大量觀察實驗結果，對量子電動力學到基本粒子的性質進行了描述、計算和說明，雖然他還不到 30 歲，但已確立自身在美國物理學界的領先地位。

　　與此同時，歐本海默也逐步展示出他作為一個優秀教師的潛能和素養。他的周圍總是聚集著一群才華橫溢、思維敏捷的優秀青年，伯克利逐步成為美國的理論物理中心，他培養出的年輕物理學家後來也大多成為物理學界的頂尖高手，並由此形成美國物理學界著名的理論物理學派。

# 序

# 猶太神童

這是一門研究自然規律與秩序的學科，它探索物質
和諧地存在與運動的根源。

—— 歐本海默

# 富裕的猶太人家

在紐約河濱大道的中產階級居住區，有一幢俯視哈德遜河的高大建築，這裡環境幽美、景色宜人。

這座大樓 11 樓的公寓的窗前，德裔猶太人朱利葉斯‧歐本海默悠閒地喝著咖啡，望著靜靜流淌著的哈德遜河，享受著成功後的愜意。

公寓房間裡擺設著精美的典型歐洲家具，牆上掛著維亞爾、梵谷和德蘭的名畫。在 20 世紀初，這樣的陳設表明房間的主人情趣高雅而少有市儈習氣。

凡是訪問過這所公寓的人，大概很難想像此時朱利葉斯的祖父仍然是德國哈瑙城的一個農民與穀物商人。

朱利葉斯是 19 世紀社會的典型代表，同其他移民一樣，他從德國來到美國是為了逃避原居住地的宗教壓迫，同時也為了獲得財富。

身為猶太人，他們深切體會到而且痛恨在歐洲所受到的歧視及限制。有些歐洲學校禁止猶太人入學，有些行業也不歡迎猶太人參與。

雖然在當時猶太人仍然能夠在歐洲獲取名利，但大多數的猶太人並不富有，也不被歐洲社會歡迎。而在美國這樣的移民國家，猶太人可以和其他民族一起共同發展，共同快樂生活，也沒有宗教上的壓迫。

1888 年，17 歲的朱利葉斯剛剛來到美國紐約時，既貧窮又沒有一技之長，還不太會講英語，更不了解美國的風俗。

幸運的是，在他之前就來美國的親戚為他找到一份工作，也告訴他如何在這個國家生存、發展下去，他夢想著能在這個移民天堂裡一步步地飛黃騰達。

朱利葉斯的兩位堂哥早他 12 年就來到美國。開始時從事布料進口的小本生意，這些布料是用來做西裝及禮服以供百貨公司銷售的。不到幾年的光景，他們的生意就發展到足以提供朱利葉斯一個工作機會的程度。

雖然比較起來，美國對少數民族有較高的包容力，但仍然有少數反猶太主義者存在，一些俱樂部或大學仍不準猶太人加入。整體來說，比起歐洲，美國還可以算是不錯的避風港。隨著越來越多的猶太人在這裡獲得成功，美國也成了他們心目中的「黃金國度」！

在美國包容且開放的態度下，造就宗教和政治互不干涉的大環境，再加上繁榮的經濟，勤勞且幸運的人就有成功的機會。雖然在這裡只有極少數人成為大富翁，但是大多數的人在有生之年仍深感欣慰，至少能為下一代提供比在歐洲更好的機會和生活。

那時美國正處在成衣代替手工縫製服裝的階段，朱利葉斯從歐洲進口服裝材料，銷售給美國的服裝製造商。他熟悉

服裝材料的生產工廠，對服裝製造商的原料需求也很了解，生意很快就紅火起來。

因此當他 30 歲時，就已成為一位相當富裕的企業家。他穿著整潔，被雇員們稱為「風度翩翩的紳士」。這時他的英語流利，知識淵博，並且養成了對藝術的愛好。

艾拉·弗里德曼也是猶太人，家族在紐約住了好幾代。在與朱利葉斯認識之前，艾拉的家族就已在美國發跡。因為家境富裕，艾拉得以於閒暇時學習繪畫，甚至還前往巴黎留學，雖然她右手小有殘疾，但並不影響她成為畫家。

1902 年，艾拉認識朱利葉斯時，她在畫壇已小有名氣並在曼哈頓一間自己的畫室開班授課。他們認識之後，雙方彼此互相欣賞，1903 年他們步入婚姻的殿堂。

1904 年，他們的長子歐本海默出生。這個全名叫做朱利葉斯·羅伯特·歐本海默的孩子，就是後來赫赫有名的「原子彈之父」。

此時，歐本海默一家在紐約已經有了一席之地，朱利葉斯掌握著一家進出口公司，除了位於紐約曼哈頓河濱大道這所寬敞的大房子外，還有一處別墅和一個牧場。

結婚之後，艾拉就不再教畫了，只偶爾畫幾筆自娛。她把全部精力都傾注在照顧孩子身上。因為當時禮教規範的約束，她可能並不情願放棄畫畫，不過也只能藏在心裡，她的

角色在那個時代就是照顧家人的生活起居。

　　用餐時仍保持傳統的歐洲方式，十分正式且有規律，不管是大人、小孩，都必須穿著正式服裝；男士著西裝，女士則穿著及地的裙裝。如一般上流家庭家中有廚師、司機和僕人。

　　被大家稱作羅伯特的小歐本海默外出時，也必須穿著正式。若要去的目的地離家有幾條街之隔，就必須由司機開車接送。

　　正如歐本海默自己所描繪的那樣，他的家庭生活方式是如此正派，以致他無從沾染任何惡習，所以長成了一個「乖得令人害怕的小男孩」。

　　他的一位朋友保爾‧霍林談到自己對歐本海默的雙親以及他們住宅的印象時說：

> 　　他的母親是一位品德高尚而有感情內涵的婦女，在餐桌上或其他場合舉止優雅，雍容大方，但卻不時流露出憂傷。他的父親是一位非常可親的人，與人相處時總力圖使人愉快。
>
> 　　家中的陳設看上去既華麗又簡樸，處處使人感到舒適、令人喜愛。

　　在夏天，歐本海默一家人也和其他富有、追求流行的紐約人一樣，在有著清新空氣的長島海濱避暑。

他們的別墅位於長島南方的海灣小鎮，瀕臨大西洋。平時，羅伯特和弟弟法蘭克兩人一起讀書、遊戲。週末則和父親一同到海邊散步，有時會乘船和父親、伯伯們出海。歐本海默在那裡學會了駕船航行。

在樓下的碼頭停靠著朱利葉斯買下的一艘遊艇。這艘名叫「羅蕾萊號」的豪華遊艇設施齊全，是小歐本海默的最愛，一有時間他便跑到上面玩耍。

正如朱利葉斯的一位朋友所說，歐本海默被父母寵愛著，夫婦兩人滿足了歐本海默想要的一切，可以說，歐本海默成長於奢華之中。儘管如此，他小時候的朋友們卻評價他「非常慷慨，絕不是一個被寵壞的孩子。」

## 童年愛好廣泛

5歲時，歐本海默隨同父母一同前往德國，拜訪祖父班傑明·歐本海默。當年祖父選擇留在德國而未與朱利葉斯一同移民美國。

他送給長孫歐本海默一些礦石標本，這些雕琢後閃閃發亮的石頭令歐本海默十分著迷。

他回憶道：「我變成了一個熱心但又帶著孩子氣的礦石收藏者。」

回到紐約後，歐本海默儼然成為業餘礦物學家，常利用

週末四處去尋找新的樣品。甚至說服父親帶他參加斷崖採集礦石的探險活動。後來，公寓的房子裡堆滿了歐本海默採集的礦石，每個礦石上都整齊地貼著寫有說明的標籤。

他把大部分時間都放在了這種愛好上。他持續研究礦物學好幾年，這是一個獨居兒童的孤僻嗜好。歐本海默能夠花費許多時間來整理他收藏的標本，把礦石進行分類和拋光。朱利葉斯鼓勵兒子獨特的興趣，還給他買了許多相關的書籍。

朱利葉斯是哥倫比亞大學哲學家、教育家菲利克斯・阿德勒的道德文化協會的成員。阿德勒和朱利葉斯一樣是第一代移民。他深信，如果社會中每位成員都了解並恪守道德規範，那麼社會將會變得更理性、更和諧。

1911 年 9 月，歐本海默上的第一所學校，名叫菲爾德斯頓文化倫理學院。學校就是阿德勒先生主辦的。歐本海默在上大學之前，一直在這所學校就讀。

歐本海默是個身體屢弱的孩子，經常生病，母親從不鼓勵他到街上去和其他孩子玩耍。他經常趴在窗前，有時俯瞰著哈德遜河，有時望著空中飛翔的鴿子，神遊在自己的王國裡。

歐本海默說他的童年：「並未使我對於世界充滿殘酷和艱辛這一事實有所準備，它沒有給我提供通常適合的道路成為一個壞蛋。」

在孩提時代的歐本海默就表現出對科學方面的極大興趣，不斷嘗試去了解、分析物理上的一些現象。他的化學教師奧古斯塔‧克羅克啟發了他對自然科學的興趣，歐本海默曾經用了整整一個暑假的時間來幫助他的老師建立一個小型實驗室。

他經常拿著一塊礦石晶體對著太陽照，晶體上顯現出奇妙的繽紛色彩讓他展開了無休止的想像。小學三年級時他就小有名氣了，可以單獨到實驗室做各種實驗，但更多的還是分析他的礦物。

歐本海默繼承了父親的口才，他把知道的有關礦物的奧祕滔滔不絕地講給同學聽，名氣甚至傳到了校外。

在 11 歲生日時，由於他對地質學及礦物學的狂熱，他還申請加入紐約地質學會，並得到了批准。令人驚訝的是，加入學會的第二年，他就在學會發表了他的第一篇科學性論文，是一篇有關礦石方面的研究報告。

這時，他就已經能使用家裡的打字機與當地知名的地理學家通信，探討他學到的有關岩石形成的問題。

朱利葉斯對於兒子這些成人化的做法抱持鼓勵的態度。夫婦兩人都相信自己的孩子是個天才。

「他們愛護他，」歐本海默的堂弟巴貝特回憶道，「在成長的過程中，他始終被給予優待的機會，這使他能夠按照自己的想法和興趣行事。」

　　歐本海默對詩歌也有很大的興趣，當他不研究那些礦石及晶體時，便一頭扎進書堆裡。他開始寫一些自認為「富有哲理的抒情詩」，有一首還曾發表在一家兒童刊物上。

　　菲爾德斯頓文化倫理學院鼓勵學生在科學、文學及哲學上的興趣發展。學校裡每個年級的課程都強調個人的社會責任，並且加強在語言、文學、藝術、科學方面的教育，尤其是道德上的學習，學校一直保持著開放和對社會負責的態度。

　　為了達到教學目標，高年級學生必須研讀原文版的希臘及羅馬文學作品。如此一來，歐本海默也有機會領略語言的奧妙，培養對哲學寫作的興趣，並且接觸到家庭以外的神祕世界。

　　他的求知慾旺盛，常常全神貫注埋頭於書本中。他的課外時間都花在了向希臘語教師學習荷馬與柏拉圖的希臘文原著以及凱薩、維吉爾和賀拉斯的拉丁文著作。

　　他的希臘文和拉丁文老師阿爾貝塔・牛頓說：「他是個非常聰明和勤奮的孩子，教他是一件快樂的事。」

　　他曾跟一位堂兄打賭說：「隨便問我一個問題，我可以用希臘文回答！」

　　除了歷史、英國文學、數學、物理之外，歐本海默還選修了希臘語、拉丁語、法語、德語等課程，掌握知識的廣泛程度很少有同學比得過他。

歐本海默對自然科學的極大興趣和探索精神已經名聲在外，美國自然歷史博物館的館長都同意在這些方面給予他指導。

一位老師回憶道：「任何新生事物在他眼裡都是完美的，在不斷吸引著他。」

## 愛冒險的少年

儘管歐本海默在學校裡成績優異，但是他卻在交友上有困難。

每天他都花上好幾個小時唸書，專心寫作業，但對其他人的事顯得漠不關心。

他並不是個很害羞的男孩，但是他可能遺傳了母親的個性，有些冷漠。在他成為明星學生的同時，也養成一股不太令人喜歡的傲氣。

「他總是呆呆地坐在教室裡，就好像沒有吃飽或喝足的樣子。」他的一個同學說道。

很多同學都認為他不善交際，不知道怎麼和同齡的孩子相處。

家裡舒適的生活環境和父母的教育讓他顯得與眾不同，也非常有教養。也因這一點，平時他對同學們某些不守規矩的行為都視為粗魯、鄙俗，但他也為此付出了代價。

作為母親的艾拉，非常希望兒子能走出家門和其他的孩子融合到一起，於是給他報名參加了夏令營。

這次夏令營令他終生難忘，但卻不是什麼美好的記憶。

在夏令營裡有一群總是以欺負那些害羞或與眾不同的孩子為樂的少年，而歐本海默被指認是告狀他們總是講黃色故事的人。他因此也付出了一定的代價，受到了別人的懲治。

他們在半夜裡把他圍在中間，把他身上的衣服剝光，然後惡狠狠的打了他一頓。最後，淘氣的孩子們還在他身上抹上了綠漆，並讓他光著身子凍了整整一夜。

後來當歐本海默成為美國家喻戶曉的人物時，為歐本海默寫傳記的一位作家採訪了當年肇事者中的一位，當事人實話實說，那一次是對歐本海默的「嚴刑拷打」，由此可見，當年他被打得實屬不輕。

但歐本海默並沒有按照父母的意思回到家裡，而是執著地堅持到夏令營的最後一天。

他的朋友回憶道：「我不知道羅伯特是如何度過剩下來的幾個星期的，沒有多少孩子能做到，但羅伯特做到了，這真太難為他了。」

正像他的朋友說的一樣，歐本海默看似脆弱的外表下，實際隱藏著一種堅強和倔強的個性，這種個性也表現在他後來人生幾次大的磨難中。

　　歐本海默 16 歲時，父親為他買了一艘將近 9 公尺長的單桅帆船，歐本海默稱它為「利里梅斯號」。膽大的歐本海默有時會獨自駕船帶著他的小弟弟法蘭克在附近的海灣航行。

　　歐本海默天生愛好冒險。

　　還沒成年的他一直渴望克服自己內在的某些弱點。夏季的風暴往往將他的船吹出海灣，進入波濤洶湧的大西洋。

　　他的弟弟法蘭克記得：有一次他們駕船到了大海上之後，整整與海浪搏鬥了 5 個小時，幾乎把船弄翻，最後才把「利里梅斯號」開回來。

　　這種魯莽行為使他們的父母大為震驚。據法蘭克回憶，雖然他父親非常焦急，甚至通知了當地的海關巡邏艇開到海上去尋找他們，但當他們回到家中以後，父親卻連一句譴責的話也沒說。

　　在十六七歲的時候，歐本海默有了一個真正的朋友弗朗西斯‧弗格森。

　　弗格森來自新墨西哥州，是他的同班同學。他們剛認識的時候，歐本海默正在學習滑翔。

　　「他只不過是玩玩而已，只是想給自己找點事做。」弗格森回憶說。

　　弗格森永遠不會忘記他第一次和歐本海默一起航行的情景：

「那時正值春天，風很大也很冷，海灣到處是海風捲起的小波浪，後來天還下起了雨。

我有點害怕，因為我不知道他是否能夠在這種情況下航行。但是他成功了，他已經成為一個技術非常熟練的船員。

他的母親透過樓上的窗戶看著我們那艘搖晃著的帆船，非常擔心，但他事先已經說服了他的母親。

風和海浪把我們全身都弄濕了，那次經歷給我留下了深刻的印象。」

# 德國旅遊意外患病

歐本海默無疑是非常聰明的，他在中學時不光是高才生，也很博學，在這一點上受到老師和同學們一致的好評。

這得益於他的父母對他教育的開放態度，他們雖然是猶太人，但他們並沒有侷限於正統的猶太社交圈子與文化生活，而是把歐本海默送進了這所課程設計比較全面的學校上學。

這所學校的創辦人阿德勒先生的教育理論是以尊重人的個性為出發點的。他相信人並不需要某種信條束縛自己的生命，也無須依靠神學來作為判斷是非的標準。

他說，人應該自己形成對未知世界以及人生奧祕的觀點。阿德勒的這種道德觀與人文主義哲學，是一種英雄主義

的和保持品德高尚的哲學，這點深受歐本海默父親的贊同。後來歐本海默還曾以此嘲弄他的父親。

在他父親的一次生日裡，羅伯特曾經用「共和國戰歌」的曲子為父親寫了一首歌，其中寫道：「他把阿德勒博士當做道德的化身來崇拜……」

雖然如此，歐本海默在這 10 年多的學校生活中，阿德勒博士的這種價值觀對於這位嚴肅的、孤僻的、書卷氣十足的青年產生了相當大的影響。毋庸置疑，歐本海默在成年時期對政治的敏感性，源自於在這所學校裡所接受的教育。

在他受教育的初期階段，他被一群把自己看成是社會進步的催化劑的人包圍著。當時道德文化學會在勞動權利、公民自由和環境保護等政治性問題上都發揮了很大作用，學會中許多成員都是社會變革的積極參與者。

歐本海默是學校英文老師赫伯·史邁斯的仰慕者和好朋友。史邁斯在哈佛大學取得英文方面的博士學位，他努力使英文教學從各方面看來都是一種娛樂，他對學生非常和藹，並不時邀請學生到家中，熱烈地討論未來的計劃，了解他們的困難，並向他們提出建議，這些都為歐本海默在各方面的成長提供了動力。

儘管歐本海默的第一愛好是自然科學，然而史邁斯還是發掘了他的藝術天分。他認為歐本海默的寫作屬於「華麗的散文體」。

有一次，當歐本海默寫完一篇關於氧氣的趣味性散文時，史邁斯預言他將來會成為一名自然科學作家。

經過反覆考慮，在中學的最後一年，羅伯特·歐本海默向哈佛大學發去了入學申請。

1921 年的春天，歐本海默以優異成績中學畢業了，他每科成績都拿到了 A。畢業典禮的日子到了。清晨出門前，穿戴整齊的歐本海默又特意在鏡子前停留了一下，他今天將代表畢業生致詞。

這天的天氣特別得好，歐本海默在掌聲中登上了講臺。他的致詞很真誠也很感人，連嚴肅的阿德勒先生眼睛裡都閃著淚光。來參加典禮的歐本海默的父母更是大出風頭，許多家長圍住他們，向他們請教教子之道。

這年夏天，歐本海默的父母作為獎勵送他到德國旅遊。在德國大部分的時間，他都在哈茲山區附近尋找礦石。個子高瘦的他很喜歡一個人散步，吹著涼爽的山風。

就在他沉浸在無拘無束的旅遊生活中時，卻因誤飲不潔的溪水而得了嚴重的、幾乎致命的痢疾，並且一下子惡化成嚴重的結腸炎，從此以後消化不良的毛病一直伴隨著他。

在秋天回到美國時，他仍然由於虛弱不堪而無法註冊入學。歐本海默在紐約家中臥病多月。儘管家裡環境舒適，他卻因病而變得十分情緒化，也因長期臥病在床，甚至沮喪到不時將自己鎖在房內。

第三年春天，他身體已經康復得差不多了，但還是非常瘦弱。他有 180 公分左右的身高，體重卻只有 55 公斤。

父親希望，科羅拉多州和新墨西哥州的壯麗景色能讓兒子減輕煩惱和壓力，以準備在秋天註冊入學。於是父親建議他，在夏天和中學的英文老師史密斯一同結伴到西部去旅遊。

1922 年夏天的這趟旅遊結果非常成功。西部開闊的視野，特別是新墨西哥州的山脈及沙漠景緻，令歐本海默深深著迷。這個暑期的遊歷也讓他身體強壯了許多。

有好幾個星期，他們騎馬在科羅拉多州和新墨西哥州的群山中徜徉，夜間在郊野露宿或在農場中做客。在聖塔菲以北的一個優美的洛斯比諾斯農場中，歐本海默被一個比他大好幾歲、名叫凱瑟林·佩奇的女孩迷住了，雖然只是好朋友似的交往，但已經讓他的心情無比的愉悅。

騎馬、野營、壯麗的山色，還有迷人的佩奇，這一切都給歐本海默留下了不可磨滅的印象。此後他不止一次地重遊這個地區。

歐本海默在這年 9 月回到紐約，開始為前往麻省劍橋市的哈佛大學就讀做準備。

# 進入卡文迪許實驗室

哈佛大學地處美國麻薩諸塞州波士頓，始建於 1636 年，是美國第一所大學。不僅環境幽靜典雅，還聚集了一大批最優秀的教師，是歐本海默嚮往已久的高等學府。

1922 年秋天，一到哈佛，18 歲的歐本海默就全身心投入到這個極具啟發性的知識海洋裡。

每學期他都選修 6 科主課，而一般的學生只按學校的要求選修 5 科。哈佛大學教學嚴格，要求標準之高在全美國的學校是出了名的。想獲得高分非常困難，每學期 5 科的課程，一般的學生能獲得 B 就是很不錯的成績了。很多學生為主課學習不堪重負。

而急切想獲得更多知識的歐本海默在選修 6 科主課的同時，還旁聽了其他 4 科他喜歡的課。在知識的海洋裡，他就像一個貪婪的海盜，不停歇地掠奪知識財富。

歐本海默一個同班同學這樣說道：「他在知識上掠奪了這個地方！」

他繼續攻讀文學，尤其是法國作家的作品。同時也繼續學習希臘文，在哈佛這段時間中的磨鍊，使他已經十分精通這種語言了。

第二年，他決定主修化學，這時的他對未來的就業生涯規劃仍沒有明確的方向，只是朝著科學的大目標發展。

在以後他回憶道:「我還記得,當時和一群學長在討論我是該主修化學,還是礦業工程,因為我很嚮往礦業工程師的那種生活。其中一位朋友順口說:『學化學吧!因為那樣才有暑假!』」

有了這個幽默的「命令」,他就全心全力投入讀書,很少參加課外活動。

他讀書起來廢寢忘食,每天早上 8 點就比別人更早進入實驗室,只在午餐時才稍停片刻,啃一片塗上花生醬加巧克力醬的夾心麵包當作午餐。歐本海默利用零碎時間到圖書館自學科目,因為他認為課堂上老師講課的速度太慢了。

在一次全校舉行的基礎課會考中,他的數學分數和哲學分數遙遙領先,這引起了同學們的猜疑,大家懷疑他有作弊行為,因為他經常不來上這兩堂課。同學們還將此情況反映到學校的相關部門。

這在哈佛校園裡引起了不小的風波。為驗證歐本海默實際的知識水準到底如何,學校學術委員會特地舉辦了一次答辯會。結果在眾目睽睽之下,歐本海默引經據典對答如流,征服了所有聽眾。

據認識他的同學們回憶,他在哈佛的 3 年中,從來沒有陪一位女孩出去玩過。也可能是從小上學就一直很優秀的緣故,他一直想保持在學校裡領先的地位,所以比別人更瘋狂

地念書，但這也給有些神經質的他帶來精神上很大的壓力。

在最後半年，他發現了高等熱力學這門課非常有趣。這門課當時是由著名的實驗派物理學家珀西‧布里奇曼講授。這位教授在後來還獲得過諾貝爾獎。

歐本海默第一次與布里奇曼相識，就深深地被這位教授所打動，這也使他第一次對物理學產生興趣。這門科學觸動了他心靈深處的哲學家氣質。他感到物理學不像化學那樣過分偏重於實用，而是偏重於基本理論。

他曾說過：「這是一門研究自然規律與秩序的學科，它探索物質和諧地存在與運動的根源。」

布里奇曼最吸引歐本海默的是他那種哲學式的敏銳求知精神。

歐本海默描述布里奇曼是一位「很棒的老師，從來不滿足於現狀，總是反覆思考每個問題。他的方式就是深入探討物理精髓的最好方法。他更是位人人都想投其門下而習之的老師」。

歐本海默在跟布里奇曼學習過一段時間之後，開始參加布里奇曼領導的科學研究工作，他不甘做個旁觀者，決心投入其中。以至於哈佛畢業前，他請布里奇曼寫了推薦函，申請到當時享譽歐洲的、物理學頂尖研究中心的英國劍橋卡文迪許實驗室，繼續從事物理學方面的學習和研究。

他清楚知道這並不容易，因為他從布里奇曼那裡只學到一些入門知識，以他在哈佛的化學學位，絕對不足以說服任何一位歐洲頂尖大學的物理教授收他做研究生。

另外，在和實驗派的布里奇曼做了一學期的物理研究後，他發現自己並不適合實驗室的工作：他喜歡概念及理論，卻對與儀器和實驗器材為伍不感興趣。

儘管有這些困難，他還是決定繼續攻讀物理，尤其是新的一門叫做「量子力學」的學科。這門新知識已完全扭轉了過去幾百年以來的物理學理論。

歐本海默為這幾年的刻苦學習付出了沉重的代價。他經常有一種鑽到牛角尖中而不能自拔的危險傾向，但正是這種精神，督促著他對問題的執著探討。

在 1925 年夏天，剛剛過去 3 年，歐本海默就比別的同學提前一年，以最高榮譽的化學學士學位從化學系畢業。在學校的名單上，他是被選中的 30 名大學優等生榮譽學會成員之一。

在尚未確定劍橋大學的入學申請是否成功之前，歐本海默就在 1925 年 9 月離開紐約，啟程前往英格蘭。

在一星期的航程裡，他擬了一封正式信函，上面說明他的學歷，並表明他到劍橋深造的決心，他寫道：「我計劃在 3 年後，取得劍橋大學的物理學位。……我更希望能早日從事物理方面的研究。」

他自己很清楚做實驗並不是他的專長，他相對地屬於理論派，不過他更清楚，要在劍橋出人頭地，他就一定要進實驗室才行。歐本海默到達英格蘭時，對未來充滿近乎天真的樂觀態度，他以化學高才生的身分準備轉行研究物理。

劍橋卡文迪許實驗室，是當時國際上最著名的物理研究中心之一，也是全世界物理學領域內，富有天才的學生與研究人員，崇拜的「麥加聖地」。

1925 年，這個研究室由歐尼斯特‧拉塞福所領導，他個人可以稱得上是 20 世紀最傑出的實驗派物理學家，他在輻射方面的研究成就，還為他贏得了 1908 年的諾貝爾獎。

珀西‧布里奇曼的推薦信並沒能說服拉塞福，讓歐本海默成為卡文迪許實驗室的一員。然而歐本海默自己仍毫不鬆懈地爭取，在秋季班開課前，終於獲得拉塞福的同意。

在布里奇曼的推薦信中，除了歐本海默具有「十分驚人的領悟能力」，而且「他研究問題表現出在處理上高度的創造性」，他還提到了歐本海默的一個弱點，就是他的個性還不太成熟。他喜歡頻繁地提問，來炫耀自己的博學，而且說話不太注重別人的感受，雖然他事後經常後悔。

歐本海默最不能容忍粗俗的語言或陳詞濫調，如果他認為某人正在用這種方式講話，他必定要打斷別人的話並加以斥責。他的這種冒犯別人的習慣正好與他平時彬彬有禮的風度形成鮮明的對比。

# 前往哥廷根求學

歐本海默來到劍橋大學後，被分配在電子的發現者、1906 年諾貝爾物理學獎獲得者約瑟夫·湯姆森門下，參與其所領導的一項實驗計劃。

69 歲的湯姆森是卡文迪許實驗室前任領導人，也是此處年紀最長的一位科學家。當歐本海默得知將在他門下學習的時候，感到非常興奮，他信心十足地認為自己肯定能在這裡做出一番事業。

現任領導人拉塞福是位外形魁偉、個性外向的紐西蘭人，在個性及家庭背景上，可以說和歐本海默是截然不同。年輕時他就得幫家裡管理羊群。他所就讀的學校，都是根本無法提供新課程及科學實驗器材的二流學校。

儘管如此，拉塞福在 1885 年滿懷雄心壯志地抵達英國劍橋大學。他的特長在實驗上，憑藉實驗，他發現了許多原子方面的理論，來證明或反駁舊理論。

1925 年，當歐本海默抵達英國時，一些著名歐洲的物理學家，如愛因斯坦、維爾納·海森堡、尼爾斯·玻爾以及其他科學家所提出的理論，再加上拉塞福這群實驗派物理學家的發現，揭開了人類對原子知識探求的新紀元。

原子不再被視為固體，而是個被極度壓縮的能量場，就像是充滿電磁能的小颶風。相同的物質則是近乎空曠，偶爾

點綴著原子這種能量場的空間。

原子本身不是整塊、不可擊破的物體，而是有能量充斥其間，整個能量互相關聯，卻又不時相離。科學家們將原子中各部分強迫分離，研究其結構及運動規律。

歐本海默能在 1925 年來到歐洲攻讀物理是件十分幸運的事。但同時在劍橋研究物理也讓他度過了一段沮喪的時光。

他在實驗室的具體任務是製作用於研究電子穿透能力的極薄金箔。但令他懊惱的是，他發現自己根本做不好這件事。而且他覺得這件事簡單重複，既枯燥又單調，似乎永遠也做不完。

唯一令他感興趣的是湯姆森和拉塞福在實驗室討論量子理論。這強烈地吸引著歐本海默，他急切地想一下子接觸到量子物理的最前沿。理想和現實的巨大反差讓他終日躁動不安。

與此同時，他第一次接觸到創造性的物理學根本問題，從而在理論學習方面也遇到了困難。他在哈佛主攻的是化學，缺乏物理學與相應的數學基礎，因此心理上承受著巨大的壓力。

另外，卡文迪許實驗室從事的主要是實驗物理，歐本海默也因此吃盡了苦頭，因為他並不擅長做實驗，在實驗方面表現得非常差，以至於後來他幾乎成了實驗室裡「多餘的人」。

他發現自己的工作形同虛設，於是他開始花時間參加各種各樣的研討會，閱讀大量的物理學雜誌。他認為在實驗室為數不多的好處之一是能經常遇到許多著名的物理學家。

「我見到了非常喜歡的布萊克特。」他跟朋友說。帕特里克·布萊克特特是一位對社會主義政治了解頗深的英國紳士，在３年前就完成了在劍橋的物理學業，後來也獲得過諾貝爾物理學獎。不久，布萊克特就成了歐本海默專業上的導師。

但是，布萊克特作為一個實驗派物理學家總是強迫歐本海默做他一些不擅長的實驗工作，這導致他們之間的關係越來越糟，使歐本海默心理上的壓力更加不堪重負。

他的孤獨感，思鄉病，以及對自己弱點的察覺和自責，這些因素交織在一起，使他陷入絕望的境地。在當年聖誕節時，他的朋友們幾乎認為他可能要自殺了。

他自己也敘述過這一情況，他記得非常清楚，當時如何在假日到布列塔尼海邊漫步，行走在冬季荒涼的海岸上，「真想跳進海裡結束自己的生命」。

他在給哈佛時期的同學弗朗西斯·弗格森的信上抱怨道：「這裡的日子很糟，實驗工作十分無聊，我對那也不在行。我覺得自己根本沒有學到什麼！」

他自己曾經描述過當時的窘態：他站在黑板面前，手上拿著粉筆，一小時又一小時地苦思冥想，等待靈感的出現。

直到他自己從幻覺中驚醒時，才發現一整天已在這種沉思中悄悄地過去了。

另外有幾次，他任憑時間一分鐘一分鐘地過去，自言自語地對著黑板說：「這問題的關鍵是……關鍵是……關鍵是……」

他在學業上從未失敗過，但這些既煩瑣又深奧的研究，讓他充滿著憂慮及恐懼。他在寫給他的老師赫伯・史邁斯的信上，甚至也提到「他想自殺」。

不甘落於人後的歐本海默下決心加倍用功，往往在實驗室裡忙了一整天下來還挑燈夜讀，但效果並不十分明顯。用他自己的說法是「做了很多沒有意義的事」。

一個朋友說他那時「從事大量的工作、閱讀和討論，但顯然懷有巨大的不安和驚恐」。

1926 年初，丹麥物理學家尼爾斯・玻爾來劍橋探望老師拉塞福，同時與歐本海默進行了交談。

玻爾於 1913 年在普朗克「量子假說」和拉塞福原子行星模型的基礎上，提出了氫原子結構和氫光譜的初步理論。

稍後又提出了「對應原理」。對「量子論」和「量子力學」的建立影響重大。在原子核反映理論和解釋重核裂變現象等方面，也有重要貢獻。

他在 1922 年獲得了諾貝爾物理學獎。

玻爾在理論物理方面的成就，像是給歐本海默打了一針強心劑，讓他看到了一絲曙光。

在這同時，他也開始主動去看心理醫生，來解決他在情緒上的困擾。經醫生診斷，他患有「早發性痴呆」，也就是現在所說的「精神分裂」，誘因可能是長期的緊張學習或身體健康方面的原因。

歐本海默的情況並不樂觀，因為在那個時代，精神分裂是無藥可救的疾病。

歐本海默的父母一聽到這消息，立刻趕到英格蘭。在復活節這段假期，在醫生的建議下，他們說服兒子與 3 位劍橋的同學一起前往地中海科西嘉島渡假。

1926 年 3 月的這次渡假，對歐本海默來說有了非同尋常的效果，似乎一下把他從痛苦的深淵裡解救了出來。10 多天後從科西嘉島回到劍橋的歐本海默彷彿一下子長大了，成熟了許多。「我覺得自己變得更寬容更平和了……」

這次科西嘉島之行到底發生了什麼？歐本海默和他的朋友們一直守口如瓶，歐本海默只是說，是愛，是愛改變了他。

據說在科西嘉島上，歐本海默遇到一位年輕女子，這段戀情對他十分重要且神聖，他在日後從未再提及，只是說：「這不只是段戀情而已，這是真愛！」

但無論發生了什麼，歐本海默最終從徬徨中走了出來。

他回到劍橋後，與玻爾又一次的長談使他找到了努力的方向。隨後的學習和研究也取得了一些進展。此時，又有一件事使歐本海默的人生出現了重大轉機。

晚春時，劍橋大學招集來自美國的物理系學生去萊頓大學進行為期一週的參觀訪問。歐本海默也一同前往，在那裡他結識了幾個德國物理學家。其中包括馬克斯·玻恩，德國哥廷根大學物理研究所的主任。

「那簡直是太美好了，」他回憶道，「我感到冬天的時候遇到的困難可能被英國的風俗給嚴重化了。」

玻恩對歐本海默很感興趣，可能是因為他對幾篇最近發表的物理學論文提出質疑的緣故。「他跟我很像，」玻恩說，「從一開始，他就是一個很有天賦的人。」

過了一段時間，玻恩向歐本海默發出了邀請，讓他到哥廷根大學繼續學習深造。歐本海默同意了。年輕的歐本海默在劍橋的努力就此終結了。

在劍橋，他至少真正地了解了物理學上一些全新的觀念，這些觀念在美國都只是剛引入而已。

## 研究理論物理

1926 年夏末，歐本海默乘火車來到德國的哥廷根，這是物理學重鎮。這時的歐本海默與一年前相比精神更好，也成熟了很多。

當時哥廷根大學和劍橋一樣也是歐洲主要物理研究中心之一。但劍橋有實驗工作的傳統，而哥廷根則主要是理論研究中心。

歐本海默回憶道：

> 當我決定到哥廷根去時，我對自己的各方面都感到擔心。但我心裡明白，如果有可能的話，最好從事理論物理工作……我對於能擺脫實驗室工作感到非常高興。
>
> 我在實驗室裡從來就做不好工作；別人對我不滿意，我自己也不感興趣；我感到這些事只是別人強迫我去做的。

他的這次轉移實在是一個千載難逢的好機會。當他到達哥廷根後，他發現自己處在一大群優秀的科學家中間。他們的研究成果像磁石一樣吸引著年輕的歐本海默。

在此之前 10 多年間，玻恩所提出的原子結構理論幾乎統治了整個物質結構研究領域。而且僅僅在一年之前，哥廷根的一位教授詹姆斯‧法蘭克，由於參與了用實驗驗證玻恩理論的工作成就而分享了諾貝爾獎金。

1926 年，玻恩提出了有關量子及穩定狀態的觀念，是物理學上的新學派。這一學派的「量子物理」是當時哥廷根大學的主流，歐本海默更是迫不及待地想完全吸收。

歐本海默在哥廷根大學的指導老師是有名的物理學家馬克斯·玻恩，他後來也獲得了諾貝爾獎。

事實上，哥廷根大學這時的研究人員有好幾位之後都獲得了諾貝爾獎，如沃夫岡·包立、維爾納·海森堡及恩里科·費米等人。歐本海默在哥廷根這段時間，不僅見過他們，而且與之共事過。

歐本海默在寫給一位朋友的信中說：

> 我想你會喜歡上哥廷根的。這裡的科學研究比劍橋好得多，整體而言，這裡可能是能找到的最好的大學了。

當歐本海默還在劍橋時，他已經在「量子力學」方面做了一些工作。他剛從科西嘉島回到英國，劍橋哲學學會的學報就發表了他的兩篇涉及量子力學若干方面問題的論文，這使他大為振奮，增強了自信心。

歐本海默的名聲先於他本人到達了哥廷根，因此當他一到，就被當做是一位已有名望的學者，立即應邀參加在每週舉行的師生研究討論會。

不僅如此，他還發現，在這種新課題領域內，教授與學

生相互學習。這正是像他這種思維敏銳的美國人的理想工作環境，他很快就加入其中。

他一開始就毫無拘束地參加討論，幾乎吸引了每個到會者的注意力，但隨後當他滔滔不絕地似乎要獨占講壇時，歐本海默就又成了眾矢之的。

正像過去曾經發生過的情況那樣，聽眾認為他在故意炫耀自己，顯示個人的才華。最後他的同事不得不向教授遞交了一份呼籲書，請求教授對這位「神童」的高談闊論加以某種限制。

他確實是「神童」，在學校裡，歐本海默比他們中多數人都更年輕，他才 22 歲，而且看上去還顯得更小些。

同時，他又是美國人，十分富有，並且從不掩飾這一事實。他不僅衣著得體，而且出手十分闊綽。其他學生在為花錢買書感到困難時，歐本海默則所要的書籍應有盡有，而且有些書還是書店專門為他裝訂的。

他的這種與眾不同的舉止自然成了別人議論的話題。在他與同學的宿舍裡，歐本海默在餐廳裡彬彬有禮的風度，以及他出眾的高雅舉止，使其他同學猶如沒有教養的粗魯人。

他們還發現，每當歐本海默認為他們的談話太庸俗時，他就會不客氣地突然打斷旁人的發言。看來他不能容忍任何形式的愚蠢與虛偽的言辭，此時的他，又恢復了以前特有的驕傲。

　　一位美國同學愛德華‧康登指出：「問題在於他的思維過於敏捷，他老是把對手置於不利地位。而且該死的是，他往往是站在正確的一方，或者至少是相當地正確。」

　　人們還議論歐本海默愛用勢利的眼光看待別人的聰明才智，因為他只在他認為智力上與自己相當或高於自己的人中間選擇摯友。

　　他所結交的朋友之一保羅‧狄拉克，僅僅在 10 年之後就獲得了諾貝爾獎。他們經常待在一起，全部時間幾乎都用來討論物理問題。

　　狄拉克實在難以理解歐本海默為什麼對天主教有那樣濃厚的興趣。歐本海默和另外兩個同學花了許多時間攻讀但丁的原著，而且為此不惜刻苦學習義大利文。他還嘗試寫詩，這在狄拉克看來正是歐本海默觀念中缺乏明確目的性的表現。

　　據說狄拉克有一次問歐本海默：「你怎樣可能同時做這兩件事，寫詩與研究物理呢？這兩樣東西實在差別太大了。物理學的目的是向人們揭示過去無人知道的新事物，而詩則恰恰相反。」

　　雖然並非人人都同意狄拉克的這種見解，但這段話正好說明了歐本海默研究物理學有自己獨特的方式。

　　由於他過去所受教育的基礎廣泛，他選定自己研究方向

的時間又較晚，因此他除對科學的愛好之外，還保留著對許多非專業領域的興趣。

這就使他有可能在物理學所開闢的技術應用前景中，找到更為廣泛的綜合利用途徑。後來，他對待科學的這種哲學式的觀點，對於他的學生產生了巨大的吸引力。

不久，物理系主任玻恩開始指導歐本海默並與其一起開展研究工作。海森堡、維格納、包立、費米等知名物理學家都得到過玻恩的培養和指導。他在 1924 年首創了「量子力學」這個詞。

在學生眼裡，玻恩是個堅持和平主義的猶太人，也是個非常有耐心的老師，對於一個像歐本海默那樣個性的年輕學生來說，他是個理想的導師。歐本海默在寫給哈佛大學物理學教授埃德溫·薩爾皮特的信中對他們的工作做了概括：

> 幾乎所有的物理學家都在研究量子力學……我研究有關非週期現象的量子理論已經有一段時間。
>
> 我和玻恩教授研究的另一個問題是原子核周圍 $\alpha$ 粒子的運動方向規律。我們在這方面還沒有多大進展，但我想馬上會有的。

1927 年春天，歐本海默以海森堡在「量子力學」上的發現為基礎做研究，其中對用「量子論」去解釋「分子何以成為分子」產生了興趣，並在很短時間內就找到了解決問題的

方法，他把結果告訴玻恩時，玻恩既吃驚又高興，隨即合作寫成了一篇名為《關於分子的量子論》的論文。這篇論文為高能物理學在此後 70 年的發展奠定了基礎。

薩爾皮特教授的印象很深，在哥廷根待了幾個月後，他以前的這個學生似乎沉浸在了揭示量子力學祕密的喜悅之中。

總之，歐本海默的能力終於在理論物理方面爆發了。在 1926 年至 1929 年他離開歐洲前，總共在量子力學方面發表了 16 篇論文。

他的論文充滿了艱深的數學理論，除了物理學家外一般人難以了解。他利用量子物理的觀念，來深入探討有關原子的種種問題其中包括電子的旋轉。

電子在圍繞原子核運轉的同時，本身也有自轉，就如同地球在繞太陽公轉外，也自轉一樣。這個電子自轉的觀念，也幫助科學家解答了有關原子內部結合的問題。

1927 年，歐本海默獲得哥廷根大學名譽博士學位，他的博士論文是發表在物理界具有權威性的《物理雜誌》上。他與他的導師一起建立了「分子量子」理論，從而奠定了在理論物理界的地位。

6 月，埃德溫·薩爾皮特在哥廷根訪問，不久之後就給同事寫信說：

在哈佛大學時，我們就發現他很有才華，而他現在正變得越加才華橫溢。他工作完成得很快，而且同在這裡的一大批年輕數學物理學家相比毫不遜色。

對於這個階段，歐本海默在成為著名科學家後說道：「就像在隧道裡爬山一樣，你根本不知道是否會爬出山谷，或者是否會爬出隧道。」

雖然當時歐本海默非常出色，但對於那時的科學成就來說，他更多是見證者，而不是參與者，然而他依舊表明了自己擁有使物理成為終生奮鬥方向的才智和決心。

## 一次失敗的戀愛

在哥廷根工作期間，歐本海默結識了一位在他以後生活中占據重要地位的女孩。

她叫夏洛蒂·里芬斯塔爾，德國人，是他物理系的同學。據夏洛蒂回憶，他們第一次見面是在由漢堡返回哥廷根的火車上。

當時，他們這批學生參加完討論會後乘火車回學校。學生們的行李都集中堆放在月臺上。在一大堆破舊的箱子與背包中間，夏洛蒂發現有一個全新的豬皮旅行箱。

「多漂亮啊，」她指著那個泛著黃褐色光澤的旅行箱說，「這個旅行箱是誰的？」

「除了歐本海默還能是誰的！」一位教授有些嫉妒地說。

在回程的火車上，夏洛蒂讓人指給她看誰是歐本海默。隨後在他身邊坐了下來，當時他正在看安德烈‧基德寫的小說。

他們開始了談話，令歐本海默驚訝的是，這個女同學不僅讀過基德的作品，而且還講得頭頭是道。快到站時，夏洛蒂隨意地提到了那個她很喜歡的漂亮的旅行箱。歐本海默似乎猶豫了一下，但什麼話也沒說。

有一個眾所周知的歐本海默的癖性，凡是有人讚賞他的某一件物品，他一定要找一個藉口將它贈送給這個人。

果然，當她要離開哥廷根時，歐本海默直接去找她並且把旅行箱贈送給了她。那一年，歐本海默按照舊的傳統方式，正式向夏洛蒂求愛。

同學們都記得他是如何地圍著她轉，體會她最微妙的暗示，滿足她的一切要求。但儘管歐本海默在哥廷根有這樣愉快的經歷，他最後還是對德國發生了一種複雜的矛盾感情。

他認為：

> 雖然這個國家十分富有，並顯得對我十分溫暖與有益，但這些都受到一種令人難堪的德國情調包圍 —— 痛苦、沉悶以及據我看來還帶有不滿與憤怒的情緒；這些情緒交織在一起，將會導致一場大災難。我個人深深感覺到這一點。

在哥廷根的學習進入尾聲時，歐本海默明顯地表現出思念家鄉的情緒。他無意中談到德國時，口氣就像個土生土長的美國人。正是他的這種美國優越感激怒了一些同學。

「按照他的說法，似乎美國的月亮也比德國的圓。」有一位同學這樣評論他。

1927年春天，由於歐本海默忘了以學生的身分進行開學註冊，引起了一場風波，他失去了取得博士學位的正式資格。後來大學當局給予他一個名譽博士學位，這年7月歐本海默啟程返美。兩個月之後，夏洛蒂也來到美國，她在美國最有名的瓦薩女子學院獲得了一個職位。

1927年9月的一天，歐本海默到碼頭上迎接她和另外兩位在哥廷根時的學友。其中一位是荷蘭人塞繆爾‧古德斯米特，據他回憶：

> 我們都得到了歐本海默的殷勤款待，但實際上都是沾了夏洛蒂的光。他派了一輛大型高級轎車來接我們，送到市中心區由他親自選定的格林威治村高級旅館。然後又陪跟我們到喬治親王大旅館的餐廳吃晚餐，並向我們介紹美國的特殊風味如青玉米等。
>
> 這樣豪華的飯店我過去從來沒有進去過，在這以後也再沒有進去過。我們在就餐時俯視著燈火輝煌的曼哈頓區。這種情景真使我終生難忘！

古德斯米特和其他同學還有後續的旅程，而夏洛蒂則留在紐約。歐本海默用最奢侈的方式接待她。歐本海默帶她到最豪華的旅館和飯店享受，然後帶她到河濱大道的公寓去會見他的父母。

這一對年輕的戀人顯然曾經考慮過結婚的問題，但夏洛蒂在紐約停留的這段時間，她發現歐本海默不夠成熟。她在歐本海默家裡親眼看見他的父母如何嬌寵他。

她又發現歐本海默過於自我保護，根本不願向她談論過去。他非常尊重和愛他的母親，不允許別人對他有任何的不敬，哪怕純粹是無意的冒犯。

夏洛蒂開始疏遠歐本海默，加上她要在瓦薩任教，而歐本海默接受的獎學金也迫使他只能待在哈佛大學。因此，他們之間保持了一年多的親密關係逐漸冷淡了下來。

最終，夏洛蒂於 1931 年和歐本海默在哥廷根時的一個同學結了婚。

## 再回洛斯比諾斯

1927 年春天，歐本海默申請美國國家研究院頒發的旨在激勵年輕物理學家的博士後獎學金，獲得批准並回到美國後，先在哈佛大學度過了秋季學期，之後離開哈佛前往西海岸的加州工學院，同時進行教學與研究工作。

在這一段時間裡他收到了不少大學的聘書,有 10 份來自美國大學,2 份來自國外。從哈佛大學畢業才兩年,歐本海默就已經是理論物理研究領域裡的「新星」了。

在這樣多的機會中他選中了另一所西海岸的大學,這所學校是加州大學柏克萊分校,職務是助理教授。

這所學校對他具有特殊的吸引力,正如他所說:「那裡還是一張白紙。伯克利沒有理論物理的基礎,我可以從頭開始做出一番事業。」

同時,柏克萊分校還同意他每年春季到帕薩迪納的加州工學院從事一段教學工作。

然而,他在加州工學院工作期間發現了自己的一些弱點,尤其是數學基礎不足,因此他要求基金會再資助他回歐洲進修一年,然後再回到伯克利工作。

1928 年春天,基金會批准了他的請求,但不幸他的健康狀況又亮起紅燈,那時他已是位吸菸很多的癮君子,經常不停地咳嗽,醫師診斷是患有肺結核的症狀,並建議他靜養一段時間。

參加完 6 月在密西根舉辦的一個理論物理研討會後,歐本海默就趕往了時常令他嚮往的新墨西哥州山區。之前,他寫信給快 16 歲的弟弟法蘭克,邀他在夏天陪自己到那裡旅遊上兩個星期。

7 月,兄弟兩人一起來到了洛斯比諾斯,歐本海默又重

新和凱薩琳‧佩奇在牧場見了面。儘管他咳嗽不斷，但他剛
到那裡就堅持要騎馬到周圍的山裡晃晃。兄弟兩人騎馬並
行，法蘭克聽著哥哥興致勃勃地講文學和物理學。晚上，哥
哥會藉著篝火朗讀法國著名詩人波萊德爾的詩作。

　　這天早晨，佩奇帶領歐本海默兄弟倆騎馬來到了海拔約
2,900 公尺山上的一處草地。這片草地覆蓋著厚厚的苜蓿和
很多藍紫色的小花，不遠處的山峰在白松樹林和小溪的襯托
下顯得特別的壯美。

　　草地一個斜坡上坐落著一座小木屋，周圍綠草如茵，野
花爭豔。在屋後兩側種滿了松樹，而向前則可以瞭望松濤如
海的森格雷德克里斯托群山的景色。

　　這片山岡的名稱叫做「基督之血」，這是因冬季的落日
餘暉反映在積雪山峰上的紅光而得名。

　　這所木屋是用方木造成的，樓下有一間大廳與兩間居
室，樓上則為兩間臥房，歐本海默稱這裡為農莊。不過屋內
沒有衛生設備。

　　「喜歡這裡嗎？」凱薩琳問歐本海默。

　　「非常喜歡！」

　　凱薩琳對他說：「這座木屋和附近的牧場都是可以租的。」

　　「太棒了！」這是一處理想的療養地，歐本海默立即把
它租了下來。在此後的 40 年間，歐本海默一家經常在這裡
渡假。

他稱這個地方為「佩羅卡林特」，即西班牙語「熱狗」的意思。在 1947 年歐本海默把這裡買下來之前，他們一直租著這個牧場。

兄弟兩人在此度過了一個愉快的夏天，他們以這個牧場為基地，遍遊了整個地區。此時的歐本海默不會想到，以後那個設計製造原子彈的洛斯阿拉莫斯實驗室就在離此不遠的地方。

雖然他們體質羸弱，但在這一帶卻贏得了好騎手的名聲，也許是他們長時間待在馬背上的緣故。

他們一面騎馬一面談論物理學、詩歌、卡明斯的反戰小說《巨屋》，這次法蘭克第一次感到他的哥哥已經像一個成年人了。

法蘭克描寫道：

> 他希望他所做的每一件事以及所結識的每一個人都與眾不同。
>
> 他是我所遇見過的最不知睏倦的人。他一旦發現某人值得重視或值得交朋友，他就會經常打電話、寫信、上門拜訪或饋贈禮物。
>
> 他絕不容忍過單調無味的生活。他甚至以相當的熱情去改進一盒香菸上的商標，使它帶有某種特點。他甚至認為他所欣賞的落日晚霞也是更加美麗的。

這一段話表明歐本海默是一位按照某種既定的理想而生活的人，無論在他挑選朋友、學生、愛人、同事的時候，都要

首先看看他們是否符合他的這種理想標準。

　　這也可用於解釋他生活中，人們對他有著兩種截然不同評價的原因。

　　簡而言之，歐本海默最親密的朋友和學生的這個圈子，就是透過這樣互相選擇而形成的，他們能夠與歐本海默接近，感受到他的友愛和熱情，並為他的才華與魅力所吸引。

　　然而，那些被他排斥在這個圈子之外的人，則常常遭到歐本海默以及他圈子中的人的反對，從而滿懷怨恨。

　　這種情況貫徹歐本海默的一生，直到他去世後也依然如此。

　　在那個夏季結束時，經醫生檢查，歐本海默的肺結核已經得到了控制。

猶太神童

# 學術奇才

我認為，在未來的 30 年裡，我們將生活在一個不
平靜而且令人煩惱的世界裡……

—— 歐本海默

# 選擇開放式教學

1928 年 9 月，大病初癒的歐本海默啟程返回了歐洲。接下去的一年，他準備利用獎學金來加強數學方面的能力，首先求教於萊頓大學的荷蘭科學家保羅·埃倫費斯特。他的計劃是先跟埃倫費斯特學習一個學期，再去哥本哈根去找玻恩。

結果，埃倫費斯特為憂鬱症所困擾，他經常身體不適，心神不寧。歐本海默回憶道：「後來我對他漸漸失去興趣了……」

回想起來，歐本海默認為在萊頓白白浪費掉了一個學期。

事實上，埃倫費斯特發現與這位年輕人一起工作精神上很疲勞。玻恩曾就歐本海默的事情跟這位以前一起工作的同事通信，埃倫費斯特向他抱怨「歐本海默總讓人心神不安，雖然他是個不錯的人」。

在決定離開萊頓時，埃倫費斯特建議他去瑞士，告訴他在沃夫岡·包立的指導下學習會更好些。埃倫費斯特寫信給包立說：

> 為了使他偉大的天賦得以發展，他需要經常被人輕輕地打屁股。他值得受到這種對待，因為他是個非常可愛的傢伙。

　　埃倫費斯特過去總是把學生送到玻恩去學習，但這次卻選擇了包立。歐本海默回憶道：

> 他知道我需要的是一位計劃周到、心思縝密的物理學家，而包立正是適合的人選，他把我送到那裡，顯然是為了讓我受到適合的調教。

　　跟隨包立學習以後，歐本海默漸漸喜歡上了他。歐本海默曾開玩笑說：「他是如此優秀的物理學家，以至於他一走進實驗室，東西就會出現故障或者爆炸。」

　　包立雖然只比歐本海默大 4 歲，但他在 1920 年就已成名。他 1921 年在慕尼黑大學獲得博士學位，並在同一年發表了一篇大約 200 頁的論文，講述了廣義相對論和狹義相對論。

　　包立很欣賞歐本海默洞察問題的能力，但歐本海默不注意細節的毛病使他很是惱怒。他對歐本海默的評價是「想法很有意思，但計算總是出錯」。

　　不久，包立給埃倫費斯特寫信說：

> 他的優點在於他有很多好的思想和很強的想像力，弱點在於很容易就對基礎不牢的陳述感到滿意。他因為缺乏恆心和徹底性，連他自己很感興趣的問題都不作答……

　　1929 年 6 月，歐本海默離開瑞士返回美國時，已經因在理論物理上做出的貢獻而贏得了國際聲譽。歐本海默在過去

的 4 年中有 3 年在國外學習，但此後 19 年中他從未離開過美國。

此時的歐本海默已由三四年前初次抵達英國劍橋一個遲疑、困惑的年輕人，成長為可以和世界級大師平起平坐的物理學家了。

他急切地想將所學知識教給美國的年輕學子。回到美國後，他有機會來實現這個夢想。此時，許多知名的學府都爭相招攬他。最後出乎大家意料的是，他仍然前往西部，回到了加州大學柏克萊分校。

加州大學柏克萊分校聘請他為研究生講授最前沿的物理學，同時他還身兼位於洛杉磯郊區帕薩迪納加州理工學院的客座教授。

當時的伯克利比起東部的大學既不夠悠久，也不夠有名氣。但歐本海默決定在此建立起自己的聲望及開始新的生活。

搬到加州之舉對歐本海默來說是再適當不過了。加州滿足了他所有的需要。加州宜人的氣候深深吸引了他，加州的西部精神令他振奮。

對他來說，來到加州就象徵著另一個嶄新生活的開始，不像在紐約家裡，或是在哈佛大學，相當無趣且受拘束。至少在西部，他可以遠離家人，真正成為一個自己想要做的人。

在伯克利的物理系，歐本海默可以自由地傳播物理學上的新觀念，這些觀念在當時仍未進入美國一般的院校系所。

凡是了解歐本海默在伯克利開始講課情況的人，都不難回想起剛開始時他的教學工作是如何地失敗。

他高估學生的能力，以致學生們經常抱怨他講課太快又聽不懂，在課堂上「坐飛機」。他極不情願地放慢速度，並向系主任抱怨說：「我講課時慢得都不知道自己在講什麼了。」

那時，他講的課更像是在做禮拜，有時聲音低沉得甚至後面的人都聽不見。他講課不用講稿，還經常摻雜引用許多科學家和詩人的名言。「我是一個令人頭痛的老師。」他回憶道。

據他早期的一個研究生詹姆士·布雷迪回憶：「由於我們聽不懂他講的是什麼。只好注視他如何抽菸。我們常想看他出一次糗，拿手裡的香菸往黑板上寫字，而拿粉筆叼在嘴裡當煙抽，但卻未能如願以償。」

許多學生不得不向當時的物理系主任勃爾基反映意見，但勃爾基相信歐本海默自己已經察覺到這一點，可以等待他自覺地改進。

果然，兩三個月之後，他開始了解他的聽眾，放慢了進度，肯花力氣把各種概念之間的關係講清楚。雖然他後來並

沒有變成一位受到普遍歡迎的講課教師，但他很快就吸引了一小批最優秀的學生，他們認為歐本海默是前所未有的最能引人入勝的教員。

對此，歐本海默自己解釋道：

> 在開始階段我並不是在講課，也沒有想吸引學生，而實際上只是在宣傳一種理論，即「量子理論」。
>
> 我非常喜愛這種理論，還在不斷地研究它，這種理論的全部內容還並未被人們完全認識，但它確實是異常豐富的……

到了加州以後，歐本海默依然嚴厲，愛批評別人。他能很快地看到並抓住問題重心，於是對其他無法與之匹配，或是方法不同的人，就持以高傲或輕視的態度。

後來擔任美國原子能委員會主席的格倫·西奧多·西博格曾抱怨說：「在你的問題還沒有說完之前，他就打斷你了。」

他常說類似「夠了，我們知道你的問題了，我來回答你」之類的話。他會不假思索地把自己的高標準強加給別人，這使他得罪不少人。

不過，他也同時鼓勵、啟發一群物理系的研究生，他甚至讓他們叫他「歐本」，那還是在荷蘭萊頓大學時，別人為他取的綽號。而他的研究生們逐漸把這個綽號演變成了「歐

比」，之後人們稱他的這些研究生為「歐比的男孩們」。

歐本海默的一位同事談道：「歐本海默覺得與同輩建立關係是件十分辛苦的事，除了一兩位同輩他十分尊敬，例如愛因斯坦，至於其他人，他就有相處上的困難了，但他對學生卻完全不同，他喜歡與學生打成一片。」

歐本海默常常和學生們泡在一起。「我們做任何事都在一起。」埃德溫·尤林說。

星期天早上，他經常光顧埃德溫的寓所，一起共進早餐，一起聽收音機播放的紐約交響樂團的演奏。

「人們能從與他的交談中獲益。當你問他問題時，他會花數小時甚至直到半夜與你從不同的角度去探討。」

他會邀請攻讀博士的學生和他一起執筆撰寫論文，並確保在論文發表時所有參與者都署上了名。

有一位同事說：「對一位著名教授來說，找一些學生為他做這些苦力是很容易的，但歐本海默和同學們一道解決問題，並給予他們應得的報酬。」

歐本海默獨創了一種開放式教學法，鼓勵所有的同學相互交流。在他所住的萊克特樓 119 號的房間裡，經常會有八九個研究生或六七個博士生坐在椅子上，看著歐本海默在他們面前來回踱步。

他逐個指出他們論文中存在的問題，並讓每個同學對自

己的論文做出評價。透過集中討論學習物理學時的難題，歐本海默給同學們營造了一種站在未解之謎邊緣上的感覺。

1934 年，在 5 個被國家委員會授予獎學金的學生中，有 3 個被選在他門下學習。

## 耕耘在伯克利

在歐洲的時候，歐本海默就常和同學提到一個夢想，他在美國想建立一個全世界數一數二的物理研究中心。

他把這項工作視為征服「沙漠」，對他來說，美國各大學在科學上，尤其是在物理方面，缺乏交流而且過時的研究方式就像是片學術荒漠。現在，在伯克利這片待開墾的土地上，他終於可以無拘無束地投入全部的熱誠，充滿希望地耕耘，以實施自己遠大的抱負了。

那時，全世界的物理學家們掀起了解決同一問題的競賽，而且非常激烈。在競賽中，歐本海默被證明是多產的選手。他和他的學生一起攻克了一個又一個難題，有時比其他的競爭對手提前了一兩個月。

他的一位同事回憶道：「那真是令人驚奇，歐本海默和他的團隊在這場競爭中攻克了這些難題。」

這幾年，歐本海默寫了許多重要的，甚至是具有開創意義的論文，涉及宇宙射線、伽馬射線、電動力學以及關於正

負電子等諸多方面。

他和他的第一個博士生，一個來自印第安納州的農家女孩菲利普，關於質子爆炸當量的測量成果成為舉世聞名的「歐本海默—菲利普程式」。

「他是一個極具創意的人，」菲利普回憶道，「他沒有偉大的物理學成就，但是他和他的學生們關於物理學的奇思妙想卻造福了人類。」

歐本海默順理成章地成為學校裡理論物理學的帶頭人。幾乎所有人都知道，如果你想進入理論物理學這個領域，伯克利是最好的地方。

進了伯克利之後，歐本海默驚訝地發現他並不是物理系上唯一一位有雄心大志的人，另一位新到任的教師，厄尼·勞倫斯，已經開始著手籌建一部巨大、精密的迴旋加速器，來分解原子核。

1930 年 9 月，《紐約時報》以「高速氫離子擊破原子」為題報導了勞倫斯第一座劃時代的原子擊破機器成功的新聞。

這種機器名為「迴旋加速器」，它的作用原理是：使荷電的原子核在磁場內不斷地迴旋並被加速，高速離子最後打到一個原子靶上，這樣的轟擊所產生的原子核碎片，可以提供有關原子內部結構的線索。

　　透過這些，科學家可以觀察原子核的構造，並將分離出的粒子加以分類。因此，「迴旋加速器」是項有效的實驗新工具，可以用來證實原子結構相關的理論。

　　在個性上勞倫斯和歐本海默幾乎是完全不同的人，甚至有些方面完全相反。勞倫斯出身於南達克塔州的小鎮，是位中西部的清教徒，而歐本海默則是猶太裔紐約人。

　　在研究上，勞倫斯喜歡使用科學儀器，而歐本海默則總認為理論重於實驗。在政治上，勞倫斯屬保守派，而歐本海默則在不久之後熱衷於政治活動，並且奉行左派的許多政治理念。儘管有這些差異，但兩人仍相處融洽，且互補長短，成為科學道路上的摯友。

　　由於歐本海默以不易相處出名，他們兩人的友誼更顯珍貴。這兩個有點孩子氣的物理學家很快就成了好朋友，他們白天一起聊天，晚上一起參加社交活動。在週末，有時還會一起去騎馬。

　　兩人在工作和研究上也相互支持：勞倫斯為理論物理學家們提供了進行理論工作所需的實驗數據，而以歐本海默為首的理論家們又反過來對勞倫斯的實驗研究方向提出建議。

　　每週一的晚上，他和勞倫斯都會開物理學的討論會，來自伯克利和史丹佛的研究生都有資格參加。

　　他們把討論會戲稱為「週一晚的雜誌俱樂部」，因為他

們討論的焦點集中在《自然》雜誌或《物理評論》中最近發表
的文章上。

他們之間的這種密切配合取得了豐碩的成果，在 1930 年
代中期取得了許多極其重要的科學成就。

歐本海默的夢想也逐步變為現實，伯克利開始真正成為
美國理論物理學的中心。在他的指導下，有 12 名學生獲得了
博士學位，後來都成為當代最優秀的理論物理學家。

像來自加州小鎮的貧窮的菲利普・莫里森，患有小兒麻
痺；「來自森林裡的野孩子」羅西・洛馬尼茲，14 歲由奧克
拉何馬州來到伯克利；貝爾納・彼特斯，一位德國猶太人，
由集中營逃出來，偷渡到美國，在紐約當港口工人，之後來
加州唸書。這些人都功成名就。

到 1930 年代末，美國已經不再需要把有培養前途的大學
畢業生送到歐洲物理學中心去深造了，他們可以到伯克利或
加州工學院來完成研究生的學業。

哈佛大學曾向歐本海默提出，如果他能去東部工作就立
即把他的薪水提高兩倍，但是他不為所動。

1934 年，在普林斯頓剛成立的高等研究院兩次邀請他離
開伯克利，但是他堅決拒絕了，他說「在那種地方，我絕對
毫無用處。」

他給弟弟寫信說：「我拒絕這些誘惑，只專注於我現在的

工作。在這裡我可以盡情地施展自己的才華，與此同時，美味的加利福尼亞葡萄酒能慰藉我在物理學上遇到的困難和自己人性的缺點。」

他認為自己根本不成熟，只長大了一點點。他的理論著作相當豐富，部分原因是他一週只有 5 個小時的課，這就使他有足夠的時間用於物理學和其他事情……

## 深得學生敬慕

然而，歐本海默之所以成為受學生們歡迎的教師，其原因還不止在於他在物理學上振奮人心的重要成就，歐本海默在課堂以外的生活中有許多方面深深地吸引著學生。

歐本海默在歐洲留學 4 年，曾經向當代的許多最偉大的物理學家學習，並與他們共同進行研究工作。

他從這些科學巨匠那裡不僅學習了許多新穎而重要的概念，同時在他生活的各個方面也徹底地「歐化」了。

他熟知各種歐洲的名酒與佳餚，通曉中世紀的法國詩篇。他甚至選學了梵文，為的是閱讀東方古代哲學書籍。

他的學生都清楚地記得，與其他的物理學家不同的是，他大量地涉獵專業領域以外的書籍。

哈洛德·英尼斯回憶說：「他大量閱讀關於法國詩歌的書籍，所有能找到的書包括詩歌和小說他都喜歡閱讀。」

英尼斯親眼看見他不僅讀古希臘的詩歌，而且閱讀類似厄尼斯特・海明威一樣的當代小說家的作品。

他尤其喜歡海明威的《太陽照常升起》這部作品。

從任何標準來衡量，更不用說以美國西海岸物理系人員的標準衡量，歐本海默都稱得上是富於教養而又博學多才的儒雅之士。

即使在經濟危機時，他的生活狀況無疑也是很優越的。

首先，1931 年 8 月他被提升為副教授，年薪 3,000 美元。除此之外，他父親繼續向他提供額外的補助，這些足以使他的種種愛好變成生活的現實。

像他的父親一樣，歐本海默天生慷慨，非常樂意和學生們一起分享美味佳餚。

在伯克利時，當開完研討會後，他總會邀請一群學生去傑克餐廳吃晚餐。傑克餐廳擁有全舊金山最美味的食品。

他的一位老友說，在 1933 年全國上下禁酒時，他總是知道舊金山最好的餐館和地下酒吧在哪裡。在那時，人們只有透過渡船才能從伯克利到達舊金山，當他們在等渡船時，人們總會在渡口的酒吧裡匆忙地來上一小口酒。

他們一到坐落在薩克拉門托街 615 號的傑克餐廳，他就開始點酒，並讓學生們點餐廳裡最好吃的菜，通常都是他買單。

他的學生法蘭克林·卡爾森和梅爾巴·菲利普斯都在尼德爾斯基那裡租了房子，他每兩三週會去看望他們一次。

幾乎每晚 10 點他們都會準備飯菜和點心，大家坐在一起玩彈塑膠片遊戲，一起談天說地，暢所欲言。大多數情況下他們都會聊到半夜，有時甚至聊到凌晨兩三點。

每年春天，也就是伯克利的第一學期結束後的 4 月，他的學生都會遠行 600 公里與他到帕薩迪納加州理工學院去，他在那裡教春季班。

學生們全然不計損失地放棄了他們在伯克利租的公寓，不顧昂貴的費用搬到了帕薩迪納每月高達 25 美元的花園式別墅。除此以外，暑假裡一些學生甚至與他參加了在安娜堡舉行的為期幾週的密西根大學物理學研討會。

1931 年夏天，歐本海默遇到了自己在蘇黎世讀書時教過他的老師沃夫岡·包立，他也參加了這次研討會。在研討會上，他不斷打斷歐本海默的演講，直到另一位著名物理學家克拉默斯衝他生氣地吼道：「包立，請閉嘴，讓我們聽完他的演講。等他講完了以後，你可以隨意指出他的錯誤。」

如此尖酸刻薄的語言反而凸顯了歐本海默的卓越才能和大家對歐本海默的愛戴。

1934 年，他搬到了位於沙斯塔路 2665 號的一個小型公寓裡，它坐落在伯克利山上一條陡峭的之字路邊。

他經常邀請學生們參加在他家裡舉行的晚宴，一起暢飲摻了墨西哥紅辣椒的白酒和紅葡萄酒。在這種場合，他還會要求學生們品嚐他精心準備的度數有些高的馬丁尼。

不管夏天還是冬天，他屋裡的窗戶總是開著的。這使得客人們不得不擠到角落裡，靠近屋裡的壁爐。臥室裡鋪著從新墨西哥買來的印度地毯，牆上掛著父親送給他的畢卡索的版畫。

當物理學話題談得乏味時，談話的主題會轉向藝術或文學，有時他會建議談談電影。

從這所小小的房子可以看到舊金山和金門橋的美景，他稱它為「世界上最美麗的港口」。從房子上面的大路看，屋子被桉樹、松樹和阿拉伯膠樹遮蔽著。

他告訴弟弟說：「我常常躺在星空下，想像自己躺在佩羅卡連特的長凳上。」

當時一位非常了解歐本海默個性的同事對此評論說：「歐本海默最喜歡有一批崇拜他的學生圍著他團團轉。不管怎麼說，這就引起了一些沒有根據的傳說。」

從歐本海默開始當教師起，在他周圍就聚集了一圈密友，一般都是他最有才能的學生，其中許多人幾乎或遲或早地都自覺地模仿著他的舉止和癖好。

他們學歐本海默那樣懶洋洋地散步，模仿他掏打火機為

別人點菸的特別姿勢，甚至發展到學他講話的習慣。例如，當別人講話時，歐本海默常用帶德國音的口頭禪搭腔：「是的，是的」，他的許多學生也養成了同樣的習慣。

這個圈子裡的人舉止簡直成了當時伯克利校園內引人注目的一種時尚。幾年後，這些初出茅廬的物理學家都開始抽歐本海默常抽的切斯特菲爾茲牌香菸。人們都像他一樣，當有一人掏出菸時，都會有人給他點上，頓時周圍就煙霧繚繞了。

「他們模仿歐本海默的手勢、動作和聲調。」羅伯特‧塞培爾這樣回憶道。

伊西多‧拉比說：「歐本海默像蜘蛛一樣位於他周圍人際關係網的核心。有一次，我在伯克利對他的一群學生說了一句『我覺得你們很有天賦』，第二天，他就知道這句話了。」

那是一種近乎狂熱的迷信和崇拜。埃德溫‧尤林說：「我們不應該喜歡柴可夫斯基，因為歐本海默不喜歡他。」

人們很容易從他們的風度上辨識誰是歐本海默圈子裡的學生。他們處處與歐本海默形影相隨。歐本海默把他們帶上自己的汽車，開到華貴的「海味飯店」去進餐。他把這一切都看做是全面教育的一部分。他向學生們介紹各種名酒，以及各種佳餚的烹調方法。

在夏季，歐本海默又邀請這些學生到佩羅加特林牧場去旅遊。他們白天騎馬，晚上則蹲在門廊下的納瓦霍地毯上，按他們自己的規則玩擲骰子遊戲。就局外人看來，他們確實

是一個特殊化的小圈子。許多人如果聽到他們高談闊論,對物理學和其他文化問題評頭論足,肯定會認為他們實在過於狂妄自大。

歐本海默和他小圈子裡成員的言行,著實激怒了許多人。加州工學院的諾貝爾獎金獲得者,物理系主任羅伯特‧密立根就強烈地反攻歐本海默。他指責歐本海默的行為「放蕩不羈」,拒絕批准任何提升歐本海默的建議。

在伯克利還流傳著一些有關歐本海默與他那一圈人的流言蜚語,看來都屬於惡意中傷。例如,有謠言說歐本海默的小圈子是個搞同性戀的集團。

在 20 年之後,當聯邦調查局詳細地搜尋歐本海默歷史上各方面的材料時,竟然重新把這些破壞名譽的流言蜚語又翻出來,並記載在他們於 1949 年寫的一份報告中。

然而,看來他們並未找到任何證據來證實這些謠言,因此再也無法追查下去。很可能這些傳聞只不過說明當年歐本海默的小圈子是如何招人嫉恨,並非真正有這類醜行。

歐本海默不顧別人的議論,仍然堅持他的一貫作風,絕不容忍任何形式的愚蠢言行。

他這種對別人突然進行尖酸刻薄的諷刺加上粗魯的態度,使局外人更加心懷怨恨。甚至在哥廷根教過歐本海默的一位性情溫和的老教授詹姆斯‧法蘭克,也遭受過同樣的厄運。

有一次，法蘭克到伯克利作了題為「量子力學的根本意義」的講演。在他訪問期間，法蘭克也出席聽了歐本海默的學生講授的一堂課。在課堂討論時，他提了一個問題，反映出他在這一方面知識的欠缺。

這時，從教室的另一端傳來了歐本海默的聲音：「我不想談論什麼『量子力學的根本意義』，不過剛才這個問題提的實在愚蠢。」

歐本海默的學生們都已習慣於受他「藍眼睛的瞪視」，也就是說，他在激怒時眼色由灰藍色變為亮藍色。學生們學會了怎樣適應他的壞脾氣，但這個圈子以外的人，則不能忍受他這種賣弄機智的刻薄諷刺。

有一次，日本著名的科學家湯川秀樹到伯克利訪問，歐本海默請他到研究生班介紹他最新發現的名叫「介子」的粒子。

但湯川秀樹剛開始介紹了幾分鐘，歐本海默就打斷了他的話，自己接過來代替他作介紹。

聽眾似乎認為，歐本海默對這一問題的理解與表達比原始研究者本人更好。事實也是如此。

不論歐本海默的這種行為究竟是否得體，可以肯定，他最擅長於評論別人的成果，而不是自己發表獨創性的見解。

他非常善於理解別人創造性思想的實質並加以發揮，顯然他非常願意當一名教師，而不是一個研究工作者。

# 支持共產黨陣營

在歐本海默搬到加州一個月後，紐約股市就開始全面慘跌，美國經濟也因此一蹶不振。

1933 年，美國有許多銀行宣布倒閉，無數家大小企業相繼宣布破產，全國有 1/4 的人口陷入了失業境地。

在 30 年代早期，歐本海默對「經濟大蕭條」所帶來的變化渾然不知，他沒有電話機、電視機，也從不看報紙雜誌。

直到 6 個月之後，朋友在一次閒談中提到，他才知道股市慘跌一事。

他過著衣食無憂的生活，他所關心的全是些高尚的科學、文學、藝術以及哲學。他之後談到，他只「關心人類及其經濟，但對人類與社會的關係渾然不知」。

1933 年，希特勒在德國掌權以後，政治開始侵入到歐本海默的生活。4 月底，德國的猶太裔教授都被解除了工作。1934 年的春天，歐本海默收到了一份傳單，上面號召大家向逃出德國的物理學家提供資金支援，他立即捐出自己半年多的薪水。

在接受援助的人當中，其中還有一位是他在哥廷根時教他的教授詹姆斯·法蘭克博士。希特勒剛剛上臺時，他是被允許繼續工作的為數不多的猶太裔物理學家之一，但是一年後被強制流放。

兩年後，詹姆斯・法蘭克才在巴爾的摩的約翰霍普金斯大學教物理學。同樣，1933 年馬克斯・玻恩被迫逃離哥廷根，最後在英國教書。

到了 1934 年，歐本海默也無法再忽視經濟不景氣帶給美國人民的衝擊，因為經濟蕭條也開始直接影響到他身邊的學生了。很多人必須從事底層工作，這樣一來，有些人無法發揮才能和知識，甚至有些人根本找不到工作。

1934 年 6 月底，碼頭工人的罷工波及加利福尼亞、俄勒岡以及華盛頓州的經濟。7 月 16 日，舊金山的工會發動了一場全面罷工，經聯邦政府介入調停，直到 7 月底，西海岸歷史上最大規模的罷工才結束。

碼頭工人雖然沒有獲得工會所要求的薪水，但是很顯然，罷工獲得了人們對碼頭工人境況的廣泛同情。

如此重大的事件同樣引起歐本海默和他的學生們的關注，事實上，在伯克利的校園裡就分成了罷工的支持派和反對派。而歐本海默則邀請一些學生和他一起參加了在舊金山禮堂舉行的碼頭工人集會。

塞培爾回憶道：「我們當時坐在高高的看臺上，自始至終我們都被他們的激情所感染，和他們一起高呼『罷工！罷工！罷工！』」

後來，歐本海默還被朋友引見給了碼頭工人工會領袖哈里・布里奇斯。

歐本海默對學生們說：「從他們身上，我開始警覺到政治和經濟兩者與人民生活的關係是多麼密切，我也開始覺得自己有投入社會的必要。」

歐本海默也同時感受到海外的緊張氣氛，同時激起了「滿腔怒火」。到 1936 年，希特勒成為德國的獨裁者已有3 年之久，他大力推行反猶太人政策，迫害德國境內的猶太人，其中也有歐本海默的親戚。

與此同時，希特勒的納粹黨也加入西班牙內戰，與保守派的佛朗哥聯手，一起對抗民眾選舉出來的社會主義政府。對在歐美有深謀遠慮的人士來說，這兩起事件都為世界的未來蒙上陰影。

慢慢地，歐本海默開始在伯克利校園裡招集群眾，宣揚政治及經濟上的變革。他一直都十分自信、傲慢，卻似乎在政治上找不到方向。

直到 1936 年夏天，他總算找到一個可以引導他的人，他也同時愛上了這位女士。認識她的人都說她不但長得美麗動人，而且和藹可親。

她的名字叫瓊‧塔特洛克，是學校心理系的研究生，父親在伯克利教授中世紀文學。在遇到歐本海默之前，她斷斷續續地當了好幾年的共產黨員，她介紹給歐本海默的朋友中，很多也是共產黨員。

透過從中促成，歐本海默全力投入激進的政治活動中。他首先加入教師聯盟，一個鼓吹提高研究生教學助理薪資的激進團體，亦不時對世界上一些超出他們控制之外的問題進行激烈辯論，並提出一些不切合實際的解決方案。

他同時也加入一些由共產黨在幕後控制的組織。在他與瓊‧塔特洛克相識後不到一年，就參加了許多組織的活動，如「消費者西海岸分部的同盟」和「美國爭取民主與知識分子自由委員會」。

最後這個團體的目標在於拯救處於納粹德國壓迫下的知識分子，但它與前兩個組織同樣與共產黨有聯繫。後來歐本海默始終不承認加入過共產黨，但他對從事這些活動，一直都採取十分公開的態度。

1936 年夏天，據說歐本海默在一次去紐約的 3 天行程中，看完了三卷《資本論》。事實上，他對馬克思理論的興趣早在幾年前就開始了，他的朋友哈洛德‧英尼斯說，1932 年歐本海默拜訪他時，就說已經看完了《資本論》。

歐本海默後來提道：「我成為一個真正的左翼分子，加入了教師聯盟，結交很多共產黨員。這些都是一般人在大學或高中即將畢業時所做的事，對這一切，我不曾後悔。不過我後悔開始得太晚了。我當時所信仰的，現在看起來十分無聊，但這是成為一個成人必經的階段。」

歐本海默看到他的學生就業困難，就積極參加了籌建「教師聯合會」地方分部的工作。正是在這個組織中，他遇到了對他的一生產生重大影響的另外一個人。

他是哈康‧舍瓦利耶，是加州大學法國文學的教師，也是該大學教師聯合會的主席。法文一直都是歐本海默最喜歡的一個科目，所以他和哈康的關係也不錯。哈康為人友善、熱情，和藹可親並富有教養。他通曉法國詩歌、美酒和名人傳記。

他本人非常聰明但並不傑出。因此，他如何能「高攀」成為歐本海默的密友，使許多人大為驚訝。因為，人們都知道，歐本海默的擇友標準就是要求對方的智力與自己相當。

他們成為摯友的原因，也許是由於兩人具有同樣的政治興趣，再加上舍瓦利耶對歐本海默尊敬的程度幾乎接近於崇拜英雄，這樣就使兩人在此後 5 年之內保持了極其親密的關係。

他在政治方面多方引導歐本海默，不過他對歐本海默其他方面的知識、才能十分佩服。舍瓦利耶記憶中的歐本海默，是個很複雜且充滿矛盾的人：

> 他個子高，人很緊張，也很熱心。走動時的步伐有些奇怪，像在跑步一般，四肢擺動幅度很大，頭總是傾向一側，肩膀一邊較高。頭部算是最顯眼的，黑色稀鬆的捲髮，挺挺尖尖的鼻子，特別是眼睛，很不同的藍眼，深邃且有神。

　　　　他與愛因斯坦年輕時有幾分神似，同時也像個唱
　　詩班裡的大男孩。他的臉部結合了一種優雅的智慧
　　相，以及天真無邪的氣質。

　　1937 年 7 月，舍瓦利耶在日記裡還寫了一些關於歐本海
默買了列寧的全部著作並讀完評論。歐本海默在這些方面給
舍瓦利耶留下了深刻的印象，舍瓦利耶評論道，儘管自己是
一名老練的馬克思主義者，但他從未完整地讀過《資本論》。

　　瓊·塔特洛克還把歐本海默介紹給美國西海岸著名的左
翼運動領袖人物，如托馬斯·阿迪斯，魯迪·蘭伯特和肯尼
斯·梅。這些人都是公開的共產黨員。10 年之後，他們都遭
到眾院「非美委員會」的傳訊。

　　當時，歐本海默與其中的一些人過往甚密，尤其是托馬
斯·阿迪斯博士，他當時是史丹佛大學的醫學研究員，專門
研究腎臟病。

　　據歐本海默說，他兩人經常見面，阿迪斯告訴他最新的
消息，例如西班牙內戰情況。他們在一起經常描述忠於共和
政府陣線所面臨的絕望情景。

　　歐本海默同時向西班牙戰爭中的各種救濟團體捐款，但
此刻別人勸他透過阿迪斯博士與共產黨的管道捐贈。

　　歐本海默當時還未結婚，一年有 1.5 萬美元的豐裕收
入。其中教師薪水僅 5,000 美元，其餘為私人收入。歐本海

默在思想上是很積極進步的，他對於共產黨的理論很感興趣，因此他每年向各種與共產黨有關的團體捐款 1,000 美元左右。

1936 年，歐本海默的弟弟法蘭克，也由紐約來到西部的加州理工學院就讀物理系。他十分崇拜哥哥，因此效法哥哥投入物理方面的研究，但他卻不如哥哥優秀。法蘭克也跟著歐本海默投身於政治活動，但不同於哥哥，他很快就加入了共產黨。

在 1930 年代，加入共產黨對美國的年輕學子及知識分子來說並不算是件壞事。在美國許多大城市裡共產黨員隨處可見。他們所主張的論點深受人民喜愛：激進的改革，工人合理的薪水，遏止失業，支持中國、法國、蘇聯政府起來對抗德、日法西斯。

除了在加州參與一些左派團體外，歐本海默也閱讀各類的政治書籍。他印象特別深刻的一本由比貝特麗絲‧韋伯夫婦所著的《蘇維埃共產主義：一個新文明》，書中大力讚揚蘇聯的成就。

不過在 1938 年，由於兩位歐本海默認識且尊崇的科學家造訪，令歐本海默對蘇聯的印象全然改觀。

維克托‧魏斯科普夫以及喬治‧普拉切克兩人剛結束一趟蘇聯之旅，他們所描述的，和韋伯夫婦所看到的完全不同。

根據這兩位科學家所見，在蘇聯，人民缺乏個人自由，對政府不滿的科學家或老百姓，都可能遭受不公平的審判及不合理的待遇。在和這兩位科學家朋友晤談之後，歐本海默對蘇聯及美國共產黨的無條件支持開始有所轉變了，但依然沒有停止對原來的那些與共產黨有關的組織的支持和經濟上援助。

1939 年 8 月，蘇德互不侵犯條約的簽訂，使歐本海默與其他許多人都大為震驚，因為他們曾經把蘇聯與共產主義看做是抵抗法西斯的主要希望之所繫。

當時在美國國內實際上已掀起了一次反對共產黨的高潮，許多共產黨領袖成為被攻擊的目標。報紙上刊登了大量的歇斯底里式的批評，但歐本海默卻未隨波逐流。

事實上，即使在歐洲戰爭爆發以後，蘇德締約共同反對英法這件事也沒有動搖歐本海默的信念。

他與瓊·塔特洛克又交往了一年半的時間。他們訂婚後，個性有些怪異的簡時常不辭而別，過了一陣子又出現在歐本海默面前，像是折磨他似的。

這類事件重複上演。瓊·塔特洛克開始去看心理醫師，因為她十分沮喪又茫然。到了 1939 年，兩人決定分手了。

# 一見鍾情的婚姻

歐本海默與瓊‧塔特洛克分手之後，又有過幾次短暫的戀愛。後來，終於找到了一位使他足以將瓊‧塔特洛克忘懷的女人。

1939 年 8 月，他在加州工學院一次教師遊園會上邂逅了凱瑟琳‧普寧，也是位左派人士。

凱瑟琳‧普寧是德國人，生於 1910 年，2 歲時隨雙親遷居美國，在匹茲堡郊區的阿斯平瓦爾長大。她父親是該地鋼鐵企業的一位工程師。

當時她已是英國生理學家理查‧哈里森博士的妻子，但婚姻並不快樂。這是凱瑟琳第三次婚姻。

1939 年 8 月，當凱瑟琳與歐本海默相遇時，她與第三任丈夫哈里森剛搬進一幢公寓同居。凱瑟琳與歐本海默在帕薩迪納遊園晚會上的初次見面，使兩人都感到「震驚」。

凱瑟琳寫道：「我那天對羅伯特是一見鍾情。但我力圖克制這種感情，因為哈里森認為，離婚會影響他這位年輕醫生的前途，因此我同意繼續與他生活在一起。」

但凱瑟琳的感情無法長期隱瞞。凱瑟琳與歐本海默兩人彼此深深吸引，每次歐本海默來到洛杉磯上課，總找機會和凱瑟琳見面。

不久，哈里森也察覺事情不對勁。其實，他一直想和凱

學術奇才

瑟琳離婚，只是要等到他在醫界基礎較穩定後才處理。

第二年夏天，歐本海默邀請哈里森夫婦到新墨西哥州的農莊渡假。但哈里森正在準備醫學結業考試，不能前往。凱瑟琳獨自訪問了歐本海默的農莊。

她說：「哈里森由於他自己的原因，要我單獨去。」了解內情的朋友們知道事情並非真的如此。無論真相如何，凱瑟琳與她的朋友們驅車來到了農莊。

「當時」，凱瑟琳寫道，「歐本海默和我都意識到我們彼此在相愛了……」

凱瑟琳回家之後，就採取了主動，前往內華達州雷諾城，等待住滿該城法律規定的時間，以便辦理離婚手續。1940年11月1日，剛辦妥離婚手續的凱瑟琳和歐本海默結婚。

結婚後，歐本海默在伯克利的生活明顯地改變了。他遷出以前住的單身公寓，為自己及凱瑟琳購置一間房子，命名為「鷹丘」。

他對政治活動興趣降低，也較少和學生們聚在一起，他變成一位標準丈夫！他們的這段羅曼史發展之快，幾乎使所有人都感到吃驚。

他與某些老朋友的交流越來越少，尤其是那些政治界的友人。代替這些朋友的是另一個圈子裡的人，不屬於知識界而屬於社交界。

這種變化當然是由於受凱瑟琳的影響，因此許多人對她不滿。以至於在認識凱瑟琳的人中，除極少數外，幾乎都非常討厭她。

「凱瑟琳是一個很會用心思的人，」歐本海默的弟妹傑基這樣說，「如果她想要什麼東西，總是非弄到手不可。老實說，她是我一生中少見的品行不端的人。」

儘管很多人不喜歡凱瑟琳，但歐本海默還是義無反顧地和她一起生活，直至去世。

1941 年 5 月，凱瑟琳在難產後生了第一個男孩，取名叫彼得，小名叫普朗多，意思是婚後早產。

這時歐本海默患了單核白細胞增多症，他們兩人都希望能換一下環境到新墨西哥去休養。但他們受孩子牽累，似乎不可能實現這個願望。但舍瓦利耶夫婦幫了他們的忙，答應幫他們照顧剛滿兩個月的彼得，於是歐本海默夫婦啟程前往新墨西哥州的牧場。

在這個假期中他倆都遭到意外。凱瑟琳出了車禍，歐本海默被馬踢傷。然而，他們在若干年後回憶這段經歷時是很高興的，因為有人竟誣告他們在這段時間沒有在新墨西哥，而在伯克利參加了一個「共產黨的會議」。他們正好能舉出這麼多難以忘懷的事件，作為當時不在伯克利的旁證。

歐本海默夫婦回到伯克利後，就遷入伊格爾山上的新

居。在這裡三口之家度過了一段平穩的幸福時光。

　　不久，凱瑟琳聽說過去的一位朋友史蒂夫·納爾遜來到了伯克利，儘管納爾遜現在是一個地區的共產黨組織負責人，凱瑟琳仍然邀請了納爾遜夫婦和孩子到新居來聚餐。

　　這是歐本海默第一次與史蒂夫·納爾遜見面。據凱瑟琳說，「他們之間的談話純粹是客套。」

　　在此以後，凱瑟琳曾見過納爾遜幾次，有時她一人與納爾遜到餐廳吃飯，有時去看望他的一家。在之後的一年半內歐本海默夫婦兩人不時在舊金山及伯克利兩地的宴會及政治聚會上和納爾遜及他的朋友們碰面。

　　與納爾遜等共產黨人的交流為這期間歐本海默開始參與的軍方工作帶來很多麻煩，甚至一直影響到歐本海默晚年的生活。

## 提出天體物理學新理論

　　今天的物理學家一致同意，歐本海默最偉大、最具創造性的成就就是他在 1930 年代末，也就是在與凱瑟琳的熱戀時期，他對中子星所做的研究，天文學家直到 1967 年才觀察到中子星這種天文現象。

　　歐本海默對天文物理學的興趣首先被理查·托爾曼點燃，理查把他介紹給了在天文臺工作的天文學家們。

　　1938 年，歐本海默和羅伯特·塞培爾撰寫了題為《論恆星中子核的穩定性》的論文，探討了高度壓縮的「白矮星」的某些特徵。

　　幾個月後，他和他的另一位學生喬治·沃爾科夫合作發表了一篇題為《關於大規模中子核》的論文。他們推測，在達到中子星的質量過程中存在著上限，這個上限現在被稱為「歐本海默 —— 沃爾科夫極限」，超出這個上限中子星就變得不穩定了。

　　9 個月後，也就是 1939 年 9 月 1 日，歐本海默和他的另一位學生哈特蘭·斯奈德合作發表了題為《論持續的引力收縮》的論文。當然，歷史上的這一天因為希特勒入侵波蘭導致第二次世界大戰爆發變得人所共知。但對於科學界來講，那一天論文的發表也是一個重大的歷史事件。

　　物理學家和科學史學家傑里米·伯恩斯坦稱那篇論文是「20 世紀物理學中最偉大的論文之一」。然而，論文當時卻沒有引起人們的關注，直到幾十年後物理學家們才發覺，早在 1939 年，歐本海默和斯奈德就已經開啟了通向 21 世紀物理學的大門。

　　他們以提問作為論文的開頭，即一個自身開始燃燒並將耗盡燃料的大星體將會發生什麼？他們計算表明，超出某種質量範圍的星體，這質量大約是太陽的 2 ～ 3 倍，在自身重

力的作用下會持續不斷地被壓縮，而不是蛻變成「白矮星」。

憑藉愛因斯坦的廣義相對論，他們分析道，星體能被「奇點」輕而易舉地吞噬，甚至光波也不能逃離環繞於周圍的重力所帶來的拉力。因此從遠處看，星體確實已經消失了，把自己與宇宙的其他部分隔離起來。

他們論文中寫道：「只要重力持續施壓的話，這種現象就會存在。」

也就是說，他懷疑太空中有體積很小、密度很高、已經毀滅的星球存在，也就是所謂的「黑洞」，雖然當時他們沒有使用這一術語。

因為這篇論文既奇妙又怪誕，長時間被認為是數學上的狂想，所以它的重要性被人們忽視了。

直到 1970 年代早期，當天文觀測技術趕上理論的發展時，才有大量的黑洞被天文學家們觀測到。隨著射電望遠鏡技術的發展和電腦的出現，黑洞理論成為當時天文物理學的核心理論。

「回顧過去，歐本海默和斯奈德的工作以精確的數學方式表達了黑洞的蛻變過程，」加利福尼亞理工學院的理論物理學教授索恩說道，「對生活在那個時代的人來說，這個理論是很難理解的，因為用數學方法表示出來的事物，不同於任何表示宇宙物體怎樣運行的圖畫。」

塞培爾回憶道：

歐本海默對所有的想法都抱有懷疑的態度。他善於質疑的個性使他發生了轉變，他拋棄了對傳統理論的盲目迷信，主張有時要對傳統理論進行大膽的懷疑。

在黑洞理論上取得突破性的成就後，他的懷疑精神把他導向對另一問題的研究，關於介子理論的研究。

歐本海默的物理學界的朋友和同事們一致認為他是一個天才。他們曾在一起討論了為什麼他沒能獲得諾貝爾獎。

「羅伯特的物理學知識博大精深，」尼德爾斯基說道，「可能只有包立在物理學上的造詣勝過他。」

與許多人一樣，諾貝爾獎垂青於那些甘於奉獻，周密制訂計劃，合理安排時間，善於抓住機會，才能卓著的人。

歐本海默雖然甘於奉獻，孜孜不倦地專注於理論物理學研究，從不放過感興趣的每一個問題，同時他也才高八斗，但他沒有周密的研究計劃，他的時間安排是隨意的。

諾貝爾獎最終只授予在某一領域裡取得卓越成就的科學家，然而歐本海默的天才在於他具有整合整個領域研究成果的能力。許多諾貝爾獎獲得者坦率地認為，歐本海默是當代最聰明的科學家之一，但他卻缺少某種必要的氣質。

對此，一位研究生戴維·玻姆認為，歐本海默在研究工作中失敗的主要原因恰好是使他在教學方面獲得成功的原

因：「他博學多才，但不求甚解。他不願意集中精力去鑽研一個具體問題。他具有這樣的才能，但卻缺乏必要的耐心。」

埃德溫·尤林是他的學生，1934～1936年，在他的指導下做博士後的研究。他回憶道：

> 歐本海默是一個充滿想像力的人，他的物理學知識是綜合性的。我不認為他的成就沒有達到諾貝爾獎的要求。他沒有獲得諾貝爾獎可能只是因為評委會認為他的成果不夠令人激動。

對於歐本海默沒能獲得諾貝爾獎的原因眾說紛紜，但對他能力的評價卻是出奇的一致。

## 參與原子彈研究

1941年6月，德國軍隊入侵蘇聯，此舉令歐本海默及很多人了解到美國捲入戰爭只不過是時間早晚的事了。

隨後的日子裡，歐本海默的思想經常會處於激烈的波動中。雖然他深愛妻子，而且對新的家居生活十分滿意，但他總覺得自己未能在打擊全世界民主國家的共同敵人納粹政權方面貢獻一己之力。

很多在學校的教授、學生都相繼投入軍事上的研究，最顯著的是在雷達方面的研究。

在1940年夏天的英倫戰爭中，還以此打敗德軍。歐本海

默很想加入研究行列，卻苦於無入門之道。

讓歐本海默料想不到的是，此時美國政府正在準備實施由許多流亡美國的科學家竭力推動的一個提案：利用鈾等元素分裂技術，趕在德國人之前研製出一個超級炸彈。

更令他想像不到的是，後來他竟會成為這一震驚世界工程技術上的領導者，以巨大的成果實現了為國作貢獻的願望。

歐本海默的好友勞倫斯是此專案的參與者，因為勞倫斯是實驗物理學家，急需理論上的支持，歐本海默曾經在伯克利幫助過他，那次是從理論上對核物理涉及的迴旋加速器和電磁方法分離鈾 - 235 同位素進行分析。

1941 年 10 月 21 日，成立不久的專門負責原子彈專案的國防研究委員會在斯克內克塔迪召開會議。歐本海默受邀參加，勞倫斯說：「我非常相信歐本海默，我很想聽取他對我們討論的意見。」

在會議舉行之前，勞倫斯就勸告歐本海默退出「美國科學家聯盟」這個激進組織。

他說：「我們要計劃與戰爭有關的大事，身為那個聯盟的一員就顯得很不對勁。我不希望到時候有任何政府人員來找我們麻煩。」

一開始，歐本海默就知道這是 100 多位頂尖科學家的第

一次會議，他們正嘗試找出利用可分裂的材料，如鈾元素等來製造超級炸彈，也就是原子彈的方法。

對於整個製造過程，當時仍然毫無頭緒，但其中與會的一些科學家則堅持這個研究應該立刻著手進行才行。

歐本海默對這個會議的內容十分感興趣，很高興被邀請參加。但因為所謂的「左傾」活動使他差點被禁止參與研究，當時他對此毫不知情。

然而勞倫斯說服其他科學家，堅稱歐本海默是位效忠國家的公民，應該列入研究之列。

會前，歐本海默做了些初步的計算，製造一顆炸彈，至少需要 100 公斤的鈾原料。這個估算的確有些偏高，後來的事實證明也確實如此。

在斯克內克塔迪會議結束時，對於原子彈可能產生的威力也進行了估計。從理論上說，1,000 克鈾可以產生相當了幾百噸 TNT 炸藥的能量，然而即使在最理想的情況下，猛烈的核反應也將在極短時間內將炸彈本身炸碎。

因此，科學家們估計，原子彈爆炸的能量最多不會超過其潛在能量的 1/10。

根據歐本海默估計的臨界質量大約為 100 公斤，這就意味著原子彈爆炸的威力可能相當於幾千噸 TNT 炸藥，這是科學家們第一次面對面地看到了他們準備製造的新式炸彈的威力。

在 1938 年的實驗後，人們清楚地知道只有一種鈾的同位素才可以進行分裂，這使得問題更加複雜。這種適合炸彈製造的元素為鈾 - 235，在提煉上十分困難而且費時。

在 1941 年，只有極少量的鈾 - 235 被成功地提煉出來，但科學家所需要的不是一小撮的鈾，而是一馬車之多。沒有人知道，這需要多久時間才能完成。因為這是史無前例的工作。會後，科學家們各自回崗位，以悲觀但堅定的心態開始思索這個問題。

歐本海默回到加州後，勞倫斯對「左傾」活動的警告一直在他心裡盤桓不去。11 月 12 日，他寫了封信給勞倫斯，透露他退出聯盟的決定，信上寫道：

> 「我保證以後不會再有聯盟那邊的問題，我懷疑，在這節骨眼上，會有任何人支持這類團體，來影響、分化或干涉我們手邊正在籌劃的大事，所以你大可放心！」

3 個星期後，他參加了另外一個左派政治團體的會議，主要目的是幫助西班牙內戰的受害者。此時西班牙內戰結束後民主選舉出的政府被打敗，希特勒的盟友佛朗哥仍然稱霸西班牙。

這個會議後來變得很消沉很悲哀，歐本海默悵然地離開會場，心中若有所失，這是他參加的最後一個左派會議。

第二天，也就是 12 月 7 日，日本轟炸美國夏威夷的珍珠港，迫使美國參戰。幾個星期後，歐本海默貢獻國家的心願也得以實現。

事實上，在 1938 年，原子分裂研究成果的消息一傳出，歐本海默就有了原子彈這個概念了。

他的學生菲利普‧莫里森回憶道：「這消息傳出後大約一個星期，在老師辦公室的黑板上，就出現了一個很令人憎惡的草圖，一個炸彈的草圖。」

1930 年，科學家對原子性質的了解已有了長足的進步。原子物理被視為是一種好玩的嗜好，一種與日常生活沒有太大關聯的活動，一般民眾不會對它產生興趣，軍政人員也差不多如此。

1938 年，德國化學家奧托‧哈恩利用英國物理學家查德威克新發現的中子撞擊鈾元素，來探討鈾的特性改變。在與遷居瑞典的德國猶太裔女科學家莉澤‧邁特納探討後發現，除了鈾分裂出新元素外，更驚人的發現是鈾在分裂過程中所釋放出的高能量。

邁特納以及美德兩國的科學家很快地計算出：每個鈾原子，在分裂後釋放出的能量，竟高達 2 億伏特！這個數字，對單一一個原子來說可真是天文數字。

幾天之後，這個消息便傳到位於加州的歐本海默耳中，

他告訴一位同事說：「鈾元素十分複雜，我認為鈾元素十分值得研究，不是以一種草率的方式，而是以一種誠實正當的方式來進行。」

之後，他又重新評估這項發現所將帶來的「好處」。他寫信給另一位同事提到，少量的鈾，就「可能呼風喚雨」。

## 總統支持原子彈研究

哈恩發現鈾分裂的同時，歐本海默的老師、著名的丹麥科學家玻恩正在紐約作研究訪問。

玻恩一向反對德國希特勒特權，他運用影響力，協助許多科學家逃離德國，並在哥本哈根他所主持的知名物理研究中心安排他們工作的機會。

玻恩這次的美國之行，是在一些研究會議上發表有關原子物理方面的演說。他也趁此機會非正式地討論歐洲政治形勢，並且為這些流亡科學家們安排前來美國大學的機會。

玻恩也和在美國的科學家們一樣馬上就體會到鈾分裂的意義：現在，至少在理論上，可以製造出一個超級炸彈了。他還對鈾分裂做了進一步的研究，並取得了更大的成果。

美國的科學家，在由德國逃出的流亡科學家帶頭之下，開始要求政府撥款支持鈾元素的研究。

1939 年 3 月，這群科學家決定和美國海軍有關人員作第

一次會談。恩里科‧費米以曾獲諾貝爾獎之殊榮，被推舉前往紐約與軍方會面。費米首先說明歷年來的研究成果，並解釋為了製造炸彈仍需突破之處。

為了解決這些技術上的問題，需要政府撥款支助。他也強調這個研究勢在必行，因為科學無國界，美國科學家所做的研究、發明，終究也會被其他科學家發現，不管美國政府承認與否，它必須與德國政府相互較量，看哪個國家先製造出原子彈。

由海軍總司令史丹佛‧胡伯所主持的海軍委員會對費米的要求並不十分熱衷，對這些海軍將領來說，這項新型武器太過神奇、不可思議，而那些研究細節又太過於煩瑣。

最後，海軍方面並沒有撥款協助，只是口頭上承諾，會再作評估。這個冷淡的反應讓費米十分灰心、失望。

同時，在紐約的這群科學家們都勸阻玻恩不要發表他對鈾元素所作的演算結果，因為這些資料不該被公開，一旦發表之後，被德國政府及納粹黨手下的科學家知道，馬上可能利用這些資料著手進行炸彈的製造。

儘管玻恩本人也痛恨納粹政權，他卻對保密一事不以為然。玻恩深信，科學家是不分國籍的，而科學也因每個研究者將其研究成果公開接受批評、審查才得以延續下去。

自 18 世紀，以「啟發式」的公開方式取代了早期的祕密

研究以來，科學界就一直是以公開的傳統在運作。因此，玻恩堅持，研究成果保留不公布將阻礙科技進步，由此所帶來的偏執、互不信任的心態對大家都沒有好處。

玻恩和其他科學家仍爭論不止，直到 3 月 18 日，居里維婦在英國一科學刊物《自然》上發表了一篇論文，其中發表的結果，與玻恩所發現的相差不遠。

因為這篇文章，鈾礦的神祕就此公之於世。對這些在美國的科學家來說，一場武器製造競賽就此真正地展開了！

把鈾礦轉變為一項武器，仍有好長的一段路要走。有科學家估計成功的機率大概有 10%。這麼低的成功率足以嚇倒大多數人，但是從匈牙利逃亡到美國的 3 位科學家西拉德、維格納及泰勒卻不願輕易放棄。儘管 3 人盡力說服政府官員支持這項計劃，但他們的努力卻得不到任何回應。

1939 年 7 月，西拉德幾乎到了絕望的地步時，他突然想起一個人可以協助他們。那就是諾貝爾獎得主愛因斯坦，他所提出的保證無人會拒絕，恰巧愛因斯坦正在長島避暑。

7 月 30 日星期日，泰勒先開車到曼哈頓去接西拉德，兩人一起驅車前往愛因斯坦的住處。

西拉德向愛因斯坦解釋，鈾元素的分裂作用將導致一連串連鎖反應，釋放出極高的能量。愛因斯坦十分驚訝，身為和平主義者，且一向接觸抽象的概念問題，無疑地，他對這

類實用且具軍事作用的鈾元素極少接觸。

西拉德緊接著強調，一項全面性的大型研究必須立即展開，以搶在德國政府之前製造出原子彈。此時的愛因斯坦撇開平日對軍事研究的憎惡，同意西拉德的論點，並一起擬了一封信，給一位能協助早日達成目標的人，那就是當時的美國總統富蘭克林‧羅斯福。

在信上，愛因斯坦以簡潔直敘的方法寫道：

> 總統閣下：
>
> 我讀到了費米和西拉德近來的研究手稿。這使我預計到，元素鈾在不遠的將來，將成為一種新的、重要的能源。考慮到這一形勢，人們應該提高警惕。
>
> 必要時，還要求政府方面迅速採取行動。因此，我的義務是提請您注意下列事實：在不遠的將來，有可能製造出一種威力極大的新型炸彈。
>
> 為此我建議，請授權一位您所信任的人士，使他可以非正式地和各政府機關聯絡，經常向他們報告全部研究情況，並向他們提供建議，尤其是要努力保證美國的鈾礦石供應。同時，和有關人士及企業界實驗室建立聯繫，來促使實驗工作加速進行。
>
> 據我所知，目前德國已停止出售它侵占的捷克鈾礦的礦石。如果注意到德國外交部次長的兒子在柏林威廉皇帝研究所工作，該所目前正在進行和美國相同的鈾的研究，就不難理解德國何以有此舉了。

西拉德與愛因斯坦將這封信交給亞歷山大・薩克斯，他是羅斯福總統的朋友，也是前任幕僚之一。雖然薩克斯本人不是科學家，但他也了解到這封信的重要性，於是立刻打電話至白宮，安排在 9 月初與總統會面。但其他事件的發生卻迫使羅斯福總統的行事有所變動。

1939 年 9 月 1 日，德國入侵波蘭，幾天後法國、英國對德宣戰，接著德國在遠東的盟國日本也對英法兩國宣戰。

薩克斯終於在 10 月 11 日見到了羅斯福總統。他將愛因斯坦的信面呈總統，薩克斯也乘機為總統說了個歷史小故事：

> 「以前有位不知名的發明家，在一場長年苦戰的關鍵時刻，毛遂自薦為一位皇帝服務。他告訴這位皇帝他可以為他建造一個船隊，這些船不必靠風力就可以直驅敵人的腹地。因為這些船是以引擎驅動，而不是靠風力，因此水手們可以在任何氣候下出航。」

> 「這個皇帝認為這些是荒謬的無稽之談，就把這位發明家冷淡地打發走了！故事中的皇帝就是拿破崙，他的軍隊在 1815 年一場決定性的戰役中被英軍擊敗。而這位發明家就是羅伯特・富爾頓，之後他製造出第一艘蒸汽船。」

在這個警告性的故事提示下，羅斯福總統很專心地聽取薩克斯其他的報告。當薩克斯結束報告後，總統召見了他的助理——艾德溫・沃森將軍，他將愛因斯坦的備忘錄交給沃

森將軍，並再加上一句簡短的「照辦」。

這些政府官員對總統交代的事項並沒有立即採取行動，慢慢地，在科學家不斷的催促下，開始有了回應。

在科學家的要求下，第一個領導組織總算誕生了，這個名為「鈾諮詢委員會」的組織，是由當時的標準局長、物理學家萊曼‧布里格斯主持。但將近兩年的時間裡，卻沒有什麼進展。

1941 年春天，英國一個名為「莫德委員會」的高級祕密組織推出了一份報告。報告說，一種以鈽或者鈾為原料的炸彈有可能在兩年內研製成功。

總統科學顧問威能瓦‧布希看到報告後，在 7 月中旬給羅斯福總統的信中說：「儘管研製原子彈困難重重，但有一點很確定，原子彈爆炸能產生相當於現在炸彈成千上萬倍的威力，它的作用將是決定性的。」

布希的信直接推動了羅斯福總統成立了一個直接受命於白宮的擁有更大權力的委員會，這就是國防研究顧問委員會。

這個顧問委員會是由羅斯福總統的科學顧問威能瓦‧布希及詹姆斯‧科南特共同管理。成員包括：陸軍部長亨利‧史汀生、總參謀長喬治‧馬歇爾，還有副總統亨利‧華萊士。這些人知道他們在和德國人比賽，這是一場可能決定勝負的比賽。

　　隨後，阿瑟・康普頓、勞倫斯、恩里科・費米和尤金・維格納、布萊特、利奧・西拉德等，包括好幾位諾貝爾獎獲得者在內，一批出色的科學家，開始了製造原子彈的前期設計理論上的準備和實驗工作。

學術奇才

# 曼哈頓計劃

我已經為西班牙的事業做得夠多了，其實世界上還
有其他更緊迫的危機。

—— 歐本海默

# 成為研究的負責人

在斯克內克塔迪會議後的幾個月內，歐本海默繼續進行計算工作，並向勞倫斯和康普頓提出建議。

歐本海默在會議期間表現出的沉穩和智慧給康普頓留下了深刻的印象，他對歐本海默非常讚賞，所以 1942 年 1 月全力邀請他參加原子彈計劃。

當時康普頓為了改組原來的鈾諮詢委員會，經常派一些親自挑選的人員去填補不足的地方。

他安排歐本海默與格雷戈里・布萊特在一起工作，共同負責加速中子研究專案，這項工作對整個工程至關重要。當時布萊特的頭銜是「快速破裂」專案的協調人，這個專案名稱引起了歐本海默的興趣。

但布萊特本人卻是一個極端謹小慎微、難於相處的人。他倆在共事後的 4 個月內，非常難於合作。布萊特一是感到歐本海默咄咄逼人，二是覺得康普頓不支持他。

而歐本海默則不得不與布萊特固執己見的個性和束縛手腳的保密觀點進行抗爭。

當時小組中的一個成員艾利森說：「布萊特總是害怕在小組中洩露了什麼意圖，而歐本海默則相反，他唯恐這些意圖沒有讓小組成員所理解。我支持歐本海默的觀點並要求布萊特放寬檢查制度。布萊特責備我麻痺大意、故意與他作對。

結果我的建議未獲通過。因此這些討論會上什麼問題也不能談，開得空泛，一無所獲。」

最後，布萊特被迫讓步。1942 年 5 月 18 日，他提出辭職並完全脫離了原子彈研究工作。歐本海默單獨負責這個專案。這樣一來，歐本海默在珍珠港事件前夕最後一次參加「幫助西班牙退伍軍人大會」後僅僅 6 個月，就躍居原子彈計劃的關鍵崗位。

他早在 1942 年初已經停止透過共產黨向慈善機構捐款。歐本海默說：「我已經為西班牙的事業做得夠多了，其實世界上還有其他更緊迫的危機。」

然而，在若干年後，有人卻不認為這表明歐本海默對政治喪失興趣，甚至表明他根本沒有固定的政治信仰，反而無中生有地說，這是歐本海默以共產黨員的身分鑽進了美國原子彈計劃，從而扮演了一個危險的新角色。

可是，歐本海默當時的所作所為卻完全和這些人臆造的離奇情節相反。1942 年初，當他填寫保安調查表時，他非常坦白地承認，雖然他從來沒有正式加入共產黨成為黨員，但「幾乎參加了共產黨在美國西海岸的所有外圍陣線組織。」

按常理推斷，這樣痛快地闡明自己的政治身分，完全不像某些人所說的預謀混進一項祕密工程的人。

當歐本海默接替了布萊特的工作後，他清晰認知到，有必要對原子彈內部機理的研究工作進行一次徹底審查。

　　譬如說，自從他對原子武器的臨界質量進行理論計算後，並未進行過任何實驗來肯定或否定他的計算結果。這就意味著到那時為止，科學家們實際上並不確切知道製造一枚原子彈究竟真正需要多少鈾 - 235，是 2 公斤呢？還是 20 公斤呢，或者是 200 公斤呢？

　　在芝加哥大學有一組人已經開始研究這一問題，同時歐本海默也招集了一批理論物理學家探討他們所能給出計算結果的準確程度，以便給工程師們提供設計依據。

　　1942 年的整個夏季，這個小組定期地在利肯大廳頂層的兩間屋頂室中開會，這座大廳是伯克利的行政辦公樓，歐本海默的辦公室就設在這裡。

　　他們的會議是在當時最嚴密的保安措施下召開的。兩間屋頂室的窗戶和通向陽臺的出口都用鋼絲網釘死，而門上裝了只有一把鑰匙的專用鎖，鑰匙由歐本海默本人掌握。

　　由歐本海默親自挑選的這個小組是一支出色的隊伍，其中包括，史丹佛大學的瑞士科學家費利克斯‧布洛赫；羅伯特‧澤爾貝爾，他曾是歐本海默的學生，現在伯克利工作；約翰‧范夫雷克也是未來的諾貝爾獎獲得者；還有逃離歐洲來到康奈爾大學的德籍物理學家漢斯‧貝特和匈牙利籍物理學家愛德華‧泰勒。

　　當他們開始集會時，手頭只有一些小規模的、分散的研

究結果，其中最重要的材料是從英國送來的，另外有一些是布萊特手下幾個小組的研究報告。

一開始，他們希望得到一些能表明未來原子彈破壞力及其後果概念的材料。

於是他們著手研究歷史上發生過的大爆炸事件，例如，1917 年加拿大哈利法克斯市港口內一艘滿載軍火的商船爆炸的後果。

這次相當於 5,000 噸 TNT 炸藥當量的大爆炸，徹底摧毀了哈利法克斯市中心區大約 6.5 平方公里內的一切建築，造成 4,000 人死亡。

正在研製中的原子彈威力，預計要比這次爆炸大好幾倍，因此其效力可以由哈利法克斯慘劇的破壞效果按放大規律進行推算。透過這樣的估計，使歐本海默和他的同事們有可能更加具體地設想原子彈的毀滅能力。另外，他們研究了原子彈的基本形狀、結構、尺寸等。

歐本海默提出，需要注意核裂變裝置的基本設計，必須小巧到可以保證能實現軍事上的運輸。

他們認為，要爆炸的原子彈形狀應該像一個團球，鈾芯被包在又厚又重的金屬殼內。外殼有兩個作用：一方面它應能在爆炸的最初千分之幾秒內將爆炸物質約束住，不使其飛散；另一方面它又能把泄漏到鈾芯以外的中子部分地反射回去參與裂變過程。

他們必須弄清楚，在這樣短的爆炸過程中，裂變反應究竟能進行到多麼完全的程度。漢斯‧貝特過去研究太陽內部的核反應時，已做出了一個相當精確的計算模型，可以用於計算原子彈內部所發生的過程。

幾週之內，這個小組不僅已研究與整理了已有的研究成果，而且弄清楚了最後製成原子彈之前還需要經過多少步驟。並肯定了原子彈製造在總體上是可行的，但需要組織大規模的科技和工業資源，也就是說製造原子彈必將是一項巨大的工程。

羅伯特‧澤爾貝爾以及其他許多人都為這個組取得的迅速進展慶幸，他把這個成績歸功於歐本海默的非凡領導才能。

愛德華‧泰勒也認為他們的進展出乎意外，他也同樣把成績歸功於歐本海默。

他說：「歐本海默作為全組的領導人，表現出一種精明能幹、穩重而又平易近人的氣質。我不知道他是如何學會這種領導才能的。凡是過去了解他的人都為他的這種變化吃驚。只有一個政治家或行政管員才會具備這種才能。」

「不僅如此，歐本海默所固有的那種天賦，即思維敏銳、能領會別人想法而加以闡明並進行指導的能力，對他的工作同樣是非常寶貴的。他早年那種彬彬有禮的風度，現在更為

老成，形成了一種既嚴肅而又使人感到溫文爾雅的魅力，而且他善於利用這種風度待人接物，使對方產生最好的印象。」

然而，當愛德華‧泰勒在 6 月初向他提出製造威力更大的氫彈的建議時，歐本海默這種出眾的才能似乎遭到嚴峻的考驗。

# 主持核試驗

1942 年上半年，第二次世界大戰進入關鍵時期，為了監督日益擴展的計劃，布希和科南特便在 9 月指派一位軍方領導人萊思利‧格羅夫斯上校負責日常的整合協調，全力組織實施的這個研製原子彈的絕密工程。這就是著名的「曼哈頓計劃」。

格羅夫斯 46 歲，體格魁梧，出生在一個長老會家庭。他是一位盡職的陸軍軍官，也是一位頗有經驗和實務的工程師，剛結束在首府華盛頓的作戰指揮部五角大廈的建造工作。

接受任務後，格羅夫斯隨即被晉升為準將，並賦予他在這個工程上的最高權力。上任伊始，格羅夫斯就購買了 1,200 噸富鈾礦石，並下令在田納西州徵用了一塊地用於鈾的提煉。

格羅夫斯上任後發現了很多問題，他相繼訪問了匹茲堡、哥倫比亞和芝加哥幾個相關的實驗室後對他的信心打擊很大，尤其是一些關鍵數據過了一年了還沒有什麼明顯的進展。

隨後，格羅夫斯討論一個更難以解決的問題就是關於原子彈的前景。他將與負責原子彈設計工作的科學家，「快速破裂」專案的協調人羅伯特‧歐本海默探討這一問題。

歐本海默在參加原子彈研製工作以後的這一年裡，不僅對這項工作的技術與管理問題產生極大興趣，而且還發現了自己的領導才能。

歐本海默覺得對別人的活動進行指導與協調的工作非常適合自己。正如他在當年夏季已經表現出來的那樣，他具有非凡的感染力和說服別人的本領，他有能力可以將個性完全不同的一批人集合起來成為一個很有效的工作群體。

歐本海默能夠及時抓住討論中不同意見的實質，並引導他們不離主題。他對科學知識的涉獵面很廣，但卻並不深入，這一點非常適合於處理研製原子彈過程中所遇到的極為廣泛的各種問題。由於種種原因，歐本海默很希望保持他在研製原子彈計劃中專案負責人地位。

就格羅夫斯而言，他已到達了這次行程的終端，心中感到十分惶惑與沮喪，因此渴望得到別人的指點。他發現歐本

海默具有正確評價各種技術方案的傑出才能，歐本海默不像其他科學家那樣津津樂道地推銷自己偏愛的某種方法，而是願意花時間把科學上的問題癥結所在向他闡述清楚。

歐本海默和格羅夫斯似乎十分投緣，格羅夫斯直爽、沒耐心的舉止態度，竟和歐本海默的「劣根性」很相似。

他們 1942 年 10 月 8 日在伯克利首次見面後，格羅夫斯對歐本海默的印象就如此之深，他認為，歐本海默是位奇才，而且有領導的能力，完全可以帶領著一群個性各異的科學家達成目標，協助他來完成「曼哈頓計劃」。

一星期之後，在他歸途中再訪芝加哥時，他通知歐本海默也飛往芝加哥與他同乘著名的 20 世紀公司的豪華特別快車返回紐約。

在列車上的狹窄包廂裡格羅夫斯和他的兩名軍人助手尼科爾斯與馬歇爾，和歐本海默同坐在一起交談了好幾個小時，研究採用何種最好的方式組織原子彈的研製計劃。

當時歐本海默已經遇到的問題之一，就是這項計劃的高度保密要求對於研究工作產生了極為不利的影響。他曾經發現，如果在實驗室工作的科學家對於自己所從事的研究工作的最終目的一無所知，則對於該項研究必定毫無積極性。

歐本海默認為，不應容許再發生類似這樣的情況。因此他建議把所有的研究人員集中到一個實驗室裡，這樣就可以

在那裡完全自由地討論問題，相互激發靈感，而這個實驗室
對外界則應絕對保密。

這種方案正和格羅夫斯自己考慮過的一樣，因此他很高
興發現有這樣一位科學家，不僅認知到保密問題的重要性而
且還認真地考慮了實際解決問題的辦法。然而就格羅夫斯而
言，他之所以提出只限於在一個實驗室內交流情報的這種主
張，還有著他自己的偏見。

格羅夫斯認為，科學界高度推崇的這種學術交流，完全
沒有必要，只是浪費時間。他不希望在他領導下的科學家們
參加什麼「大學裡的學術交流，討論各種新概念，彼此相互
學習等。」

在他看來，最理想的是最好取消一切交流，但他也認知
到這樣做是行不通的。因此格羅夫斯認為，歐本海默所提出
組織一個綜合性實驗室的想法，至少可以保證每位科學家只
限於做本計劃之內的工作，這可能是一個比較合理的折中
方案。

格羅夫斯決定按歐本海默的建議採取行動，首先要為這
個新的原子彈實驗室選址。這件事早已超出了他所接受任
務的範圍，但格羅夫斯並不介意。他經常按照「與其猶豫不
決，不如採取行動」的格言行事，而這也並非第一次。與此
同時，他開始確定新實驗室的領導人。

格羅夫斯中意的第一個候選人是厄尼‧勞倫斯。但由於

格羅夫斯在電磁分離鈾同位素的方法上下了非常大的賭注，他不想冒險把勞倫斯從目前的崗位上調開，以免田納西的工廠有落空的危險。

格羅夫斯的第二個候選人是歐本海默，雖然他缺乏行政管理經驗，又不是諾貝爾獎獲得者，不像格羅夫斯所希望的那樣，在科學家中具有「原子彈研製任務領導人所應有的那種威信」。

但格羅夫斯還是決心支持歐本海默。他呈報軍事政策委員會，提名歐本海默擔任實驗室的領導人。可是隨之而來的是他意想不到的一次打擊。

美國聯邦調查局聽到歐本海默可能被考慮擔任這個重要職務的消息後，立即透過「曼哈頓計劃」內的保安機構與格羅夫斯接觸，警告他說，聯邦調查局認為根本不應該讓歐本海默參加這項計劃的任何一項活動。

但格羅夫斯說：「對於這類重要的保安問題，我向來有自己的做法。我親自閱讀了所有的原始材料，我不想依靠保安官員來代替我做出結論。」

格羅夫斯所閱讀的材料中包括歐本海默本人填寫的保安認可調查表，以及聯邦調查員的調查材料。這些證明材料主要涉及歐本海默過去與各種左翼組織的聯繫以及與許多知名的共產黨人的關係。

由於美國聯邦調查局不斷擴大它的偵察活動範圍，歐本

海默的檔案材料仍在不斷增加。格羅夫斯可能也閱讀過表明歐本海默具有「潛在危險」的那些材料，這是比戰前的那些歷史材料更有說服力的。

雖然當時蘇聯是美國對德作戰的盟國，而且史達林格勒戰役還正處於高潮，但美國已經非常注意共產黨的活動，認為他們企圖取得各項祕密計劃的情報並傳遞給蘇聯。

根據最近生效的「情報自由法案」，公開了一大批美國聯邦調查局在戰時所調查的原始材料檔案，其中就包括當年格羅夫斯據以做出判斷的那些材料。

例如，有一份記載日期為 1942 年 10 月 10 日的技術監聽材料，其中記錄了某地共產黨總部內一次會議上的談話，據該報告記載，這些談話是採用電話麥克風技術裝置監聽而記錄下來的。

會議的參加者有史蒂夫・納爾遜，就是歐本海默夫婦的朋友，還有勞埃德・萊曼和一個無名的第三者。

在這份報告的總結中寫道：

> 在討論中，勞埃德告訴史蒂夫一則消息，這是與正在發展中的一種重要武器有關的。
>
> 史蒂夫談到一個人，並說此人現在極度緊張不安。此人過去一向很活躍，現在不活躍了。此人被美國政府看做是「赤色分子」，但被批准留在研究計劃內工作，因為他在科學界很有聲望。

　　史蒂夫又說此人曾經在教師聯合會的委員會以及西班牙委員會中工作過，而此人不可能掩蓋他過去的歷史。

　　技術監聽裝置的監聽員認為史蒂夫所講的「他」，指的就是羅伯特・歐本海默。

上述報告表明，共產黨人當時已經知道了原子彈研製計劃，即使他們不知道細節也知道了梗概，而且報告還表明歐本海默過去所接觸過的共產黨員對他仍然感興趣。

儘管格羅夫斯看到了這一類證明材料，他仍然認為歐本海默的能力非凡，足以抵消他可能成為保安危險分子的風險，因此格羅夫斯幾乎立即作出安排，讓歐本海默陪同他一起去選擇新實驗室的地址。

然而，「曼哈頓計劃」的保安小組不同意這樣的判斷，他們拒絕簽發歐本海默的保安許可證，至少是暫時扣住不發，同時繼續進行調查。

而軍事政策委員會的決定深受軍方情報人員的影響，在他們眼中，一個前任未婚妻、現在妻子、弟弟及弟媳曾經是或一直是共產黨員的人選，實在不適合這個國家最高軍事機密研究室領導人一職。

不過，格羅夫斯真正擔心的是研究的進度而不是歐本海默的個人身分問題。經過格羅夫斯反覆遊說，10月中旬，他終於獲得批准，聘請歐本海默出任這個新實驗室的領導人。

# 負責籌建實驗室

對於製造原子彈實驗室的選址工作，許多人曾經提出過建議，但其中除了兩處以外，全都被否決了。

格羅夫斯否決了將實驗室建在洛杉磯以北聖貝納迪諾的建議，因為洛杉磯的吸引力太大，容易招致工作人員破壞安全規定進入市區。

另一處地址在內華達州雷諾城附近，由於該地冬季氣候太糟而被放棄。最後，選址的範圍縮小到新墨西哥州的幾處可能的地點。

該州的主要城市阿爾布凱克，雖然鐵路與空中交通非常方便，但四周郊區卻很少有居民，而且難於通行。

一開始在該市周圍有 5 處地方可供選擇，但到 1942 年 11 月中旬，格羅夫斯同歐本海默出發考察時，候選名單上只剩下兩處：傑姆茲泉和歐本海默本人建議的一處，位於新墨西哥州中西部的洛斯阿拉莫斯。

他們首先視察了傑姆茲泉，這是一個狹長形的峽谷，三面被高聳的峭壁包圍，很難見到陽光。格羅夫斯擔心現有的房子太少。歐本海默則考慮到此地過於荒涼，因此他們繼續前進。

他們乘坐不帶標誌的車子，沿著坎坷不平的山路由傑姆茲泉蜿蜒而上，進入傑姆茲山區，駛向洛斯阿拉莫斯。

　　洛斯阿拉莫斯，西班牙語是木棉樹的意思。事實上，在這海拔 2,500 公尺高的地方，根本很少見到木棉樹，反倒是濃密松樹及灌木圍繞左右。

　　周圍的山色十分壯觀，從基地上的某些角度，還可以遠眺群山背後，一片延伸至地平線的大沙漠。

　　這一小組人在途中經過的鄉村就是歐本海默在過去 15 年間曾經迷戀過的地方，在他 20 多歲時，常在附近縱馬馳騁。

　　隨後他帶格羅夫斯去參觀了位於海拔 2,100 公尺高的洛斯阿拉莫斯寄宿制兒童學校，在他們視察的地點已經準備好了住處，而且有水電供應。

　　汽車終於到達崇山峻嶺間的一處基地，他們看到了一些分散的木屋和校舍。

　　這所學校以善於在戶外環境中培養學生而著稱。穿著童子軍裝的孩子們在田野間用好奇的眼光注視著這一小批人：他們下了汽車，並端詳著地圖，眺望周圍的原野，之後又談論著什麼。

　　這裡環境幽美，山色秀麗，但格羅夫斯卻只關心實際問題。該地的大好條件是有現成的校舍，但也有若干缺點。水源僅夠目前居民飲用，電力線有待架設。由聖塔菲通往學校的那條蜿蜒的沙礫小路需要徹底翻修。

　　歐本海默制訂了一個建設實驗室的計劃，他認為只需要

30 多位科學家加上後勤人員就可以完成任務。因此,格羅夫斯就根據這個計劃決定把新的實驗室建造在洛斯阿拉莫斯。

歐本海默想把他常來遊玩的這片地區與他的物理事業結合在一起的目的終於實現了,但最終這裡的自然環境被大規模的施工嚴重破壞。

多年後,他說:「我要為毀掉這樣一個美麗的地方負責。」

幾個月之後,歐本海默由於各種原因大大增加了所需人員的數目,好在這時早已經徵購了這所校舍,而且實驗室已經開工建造。

實際上,這項耗費了大量人力、物力、財力的大工程,遠非歐本海默開始時想得那麼簡單,這位優秀的理論物理學家一上任就面臨著許多這樣那樣的困難。

歐本海默的助手之一、實驗物理學家約翰·曼利認為,如果歐本海默是個實驗物理學家,他就會明白「從事實驗物理學 90%是管道工程」,因為如果要他選,他永遠也不會選這個地方。

如果完全讓歐本海默按照自己最初的設想辦事,他很可能鬧出一場大笑話,這就是說,企圖僅僅依靠他精心挑選的 30 多位科學家來製造原子彈!

歐本海默在做出了建設洛斯阿拉莫斯實驗室的決定後,他似乎對如何管理這樣一個大實驗室毫無頭緒。

芝加哥大學的薩姆・艾利森是從一開始就參加這項計劃的一位科學家，他這樣回憶道：

> 正值 1942 年聖誕節前夕，歐本海默要求我幫助他進行實驗室的初步規劃。他和我兩人坐在臺地上討論實驗室的建設計劃。他給我看了他草擬的一份實驗室組織機構表，其中包括 100 人左右。
>
> 我看了之後覺得某些地方不行，但也不知道問題究竟在哪裡。我只能隨便地提了提，「怎麼沒有負責運輸的職員呢？」我問他。
>
> 他不以為然地瞧著我說：「我們不需要運輸什麼東西。」顯然，他比我對未來實驗室的規模更加估計不足。我認為在沙漠裡建造這種實驗中心的想法本身就是錯誤的。
>
> 就我看來，把實驗室造在大的工業區內可能更加合理，至少從經濟上看是有利的，但歐本海默似乎偏愛那個鄉村。

如果說歐本海默不善於估計實際工作所需要的人力，這點還是可以理解的，但他竟然如此低估了所需的科學隊伍的數量，就很難使人信服了。

他在處理這個問題上似乎採取了漫不經心的、空想的不切實際態度。他的女祕書普麗西拉・杜菲爾德回憶，歐本海默經常與羅伯特・澤爾貝爾無休止地聊天，談論邀請什麼人

蓼加這個團隊比較理想,以及某人的傑出才華可以啟發另一個人比較平庸的思想等。

看起來他並不像是在組織一項規模巨大的科學技術事業,而更像是在挑選百老匯戲院中的演員。

他還有一些奇怪的念頭,例如主張為「新婚夫婦」建造特別安靜的住宅。他所指的「新婚夫婦」似乎是結了婚但還沒有孩子的夫妻。

1943 年初,當年僅 28 歲的羅伯特‧威爾遜負責把哈佛大學的迴旋加速器搬遷到洛斯阿拉莫斯時,這種機構不健全的嚴重後果就開始暴露出來了。

威爾遜是歐本海默過去的學生,他應歐本海默的要求,於 3 月 4 日來到洛斯阿拉莫斯了解安裝迴旋加速器的條件是否成熟,同時檢查其他科學研究設施的施工進度。當他看到洛斯阿拉莫斯建設工作陷於一片混亂時,簡直被嚇壞了。

在我回哈佛的途中,我在芝加哥冶金實驗室停留並與約翰‧曼利進行了討論,我們不但議論了洛斯阿拉莫斯的現狀,而且談到那裡嚴重的無計劃性,幾乎不知道那一件事由誰負責,而且所有的工作都沒有日程安排。我們決定直接去找歐本海默並要求他研究改善這種狀況的辦法。

於是我們到伯克利去找他。看來歐本海默當時把大部分時間都花費在社交聚會上,至少我們是在那種場合找到他

的。他和往常一樣表演他拿手的馬丁尼酒，這種酒就是琴酒與苦艾酒調製的雞尾酒去，而且他一板一眼地做這件事。不知道是他喝多了還是我和曼利喝多了，我們和他大吵了起來。

我們纏住歐本海默並向他匯報所遇到的種種實際問題，希望能夠使他了解現場的混亂情況，但沒有講多久，歐本海默就勃然大怒。他用粗話罵我們，指責我們不應該告訴他這些無聊的瑣事，說這些該死的事不用我們多管等。

我們兩人都差點被嚇住了。我們感到害怕的是，如果這種人就是領導，如果這種領導光靠發脾氣來解決問題，那麼他怎樣能夠把事情辦好呢。因此約翰和我離開了歐本海默，兩人討論決定不要指望歐本海默的領導，寧可自己主動來解決這些問題。

然而，正像歐本海默 12 年以前開始授課時講得一塌糊塗以後就改進了那樣，他在洛斯阿拉莫斯的工作也改進得非常迅速。

「他是一個非常聰明的人，無論我們覺察到他哪方面不足，在幾個月內這些不足就會改掉，而且更懂得管理程式。不論我們有什麼的疑惑，都會很快被解決掉。」威爾遜說道，「後來，當我和他在一起的時候，覺得自己也高大了許多，我崇拜他，並努力成為他那樣的人。」

1943 年 3 月，他編出了一份詳細的實驗室人員組織表，總人數由原來的 100 人擴充到 1,500 人，同時他又親自動手解決另一個主要問題，就是應徵科學家。

格羅夫斯原來希望選擇一位諾貝爾獎獲得者當新所長的原因之一，就是這樣有助於吸引別的科學家前來參加工作。所有其他最優秀的科學家都已經參加到別的軍事科學研究，如火箭、雷達等研究工作中去了，而現在要把這些人吸引到原子彈研究中來。

然而，由歐本海默進行應徵工作卻有雙重的不利條件，他不僅沒有獲得諾貝爾獎這種最高獎賞作為吸引別人的資本，而且由於保安的原因，他在進行應徵時又不能說明工作的內容，只能像安徒生童話中的「皇帝的新衣」那樣使別人感到一種看不見的光榮。

在進行初步試探時，他甚至不能向應徵的對象透露，到底要他來做什麼性質的工作。同時他還有必要向他們說明，參加這項工作的人都必須離開家庭，並與外界斷絕一切聯繫。只有已經結了婚的才許帶上家屬，而未婚的人則在戰爭結束之前不許與他們的女朋友及家人見面。

這真是一件棘手的工作，但歐本海默很巧妙地進行這項任務。他首先集中精力聘請了一小批最有名望的科學家，然後利用他們的聲譽去吸引別人。

他最先找到與他在伯克利一起工作過的漢斯·貝特，同

時又聘請了芝加哥大學的恩里科・費米。但他也不限於聘請最高的學術權威，他還應徵了一位公認的極其精明的科學管理人員來管理倉庫。

這些人對於這項新任務都非常感興趣，但其中有人對於參軍問題表示擔心。原來歐本海默曾經與格羅夫斯達成協議，要動員所有應徵來的科學家參軍，他本人甚至還訪問了舊金山徵兵處，開始辦理入伍擔任中校的手續。

這件事也是歐本海默生活中的另一個謎，為什麼一個左翼自由派人士竟會同意參軍。威爾遜回憶歐本海默做出這種決定的理由是：

> 他已經受高度的愛國情緒所支配，他深信這場戰爭是推翻納粹與法西斯主義的偉大群眾鬥爭，一場人民戰爭，認為這是美國愛國運動的高潮。
>
> 他的這一舉動使我們更容易理解他早年的活動。在過去，他的行為帶有激進主義的色彩，而現在，則更多地帶有愛國主義色彩，但他對自己這兩種行為動機的解釋卻是相同的。

到了3月，在陸軍的管理下，當時工地上已有3,000多名工程人員，他們已花費了3個月的時間建造主要的建築物。

工程進行得非常迅速，施工人員採用了粗糙的木料和牆紙，已經建成了一幢主樓，五座實驗室，一座工具間，一座倉庫，一批營房和一批類似營房的公寓式住宅。

同時，各種裝配式的軍隊臨時房屋建材運到，匆匆忙忙地安裝起來，整個工地就像是城市裡的貧民窟。在整個嚴冬季節，建築工人都住在拖車式的工棚內。全區沒有鋪好路面的人行道，同時，由於格羅夫斯的極端節省，各處都沒有安裝路燈。

在最初的幾個月裡，正規的市鎮議會這類機構還沒有建立起來，所有大大小小的問題都找到歐本海默頭上。由於他有行政管理天才和受人尊敬的地位，在這一階段並未發生任何嚴重的矛盾。

歐本海默從一開始就決心保證科學家之間盡可能自由地交換意見，因為他們現在工作的地點在洛斯阿拉莫斯，這裡與外界已完全隔絕了。

4 月 15 日，實驗室正式開始工作，當天歐本海默主持了落成儀式，會上為新來的全體科學研究人員作了一系列介紹研究情況的報告。

在格羅夫斯講話之後，羅伯特‧澤爾貝爾受歐本海默的委託作了關於原子彈的研究情況的介紹。澤爾貝爾身材瘦小，說話有點含混不清，語氣又不果斷，看來他並不是鼓舞到會者熱情的最好人選。

有一位當時在場的科學家這樣說：

　　他不是一位好的講演者，僅是他有充分的材料，他掌握了歐本海默主持的理論小組在過去一年間所發現的全部祕密。他最擔心的問題是，他所知道的這一切都還是紙上談兵，沒有經過實驗論證。

# 生活在監視之下

　　1943 年 2 月，就在洛斯阿拉莫斯實驗室熱火朝天地進行建設時，一項軍事突擊行動同時展開。

　　16 日夜晚，6 個人從一架英國轟炸機上跳傘，靠著月光降落在挪威南部一處結冰的湖上。這支突擊隊直接受「曼哈頓計劃」領導人格羅夫斯將軍指揮，奉命潛入挪威的峽灣山區破壞那裡一個納粹旗下唯一製造「重水」的工廠。

　　在挪威地下工作人員的協助下，這支突擊隊在 11 天後透過納粹防線祕密潛入韋莫克水力電廠，並成功完成爆破任務。

　　由於爆炸威力強大，所有機器全部被毀，至少有好幾個月不能運作，更重要的是，製造過程也因此而中斷，即使修復完成，投入生產也得一年之後了。

　　1943 年，對英美盟軍來說，重水的重要性是顯而易見的。英美盟軍希望透過破壞德軍重水的來源，阻礙德軍在原子彈上的研究進度。

　　在這支突擊隊爆破韋莫克水力電廠的同時，歐本海默正

使出渾身解數說服更多科學家加入洛斯阿拉莫斯。對於將科學家們列入軍隊編制,科學家們都持反對意見。

哥倫比亞大學的科學家艾埃‧羅比提醒歐本海默,沒有科學家會放棄學術自由去接受任何軍事命令。歐本海默將這個意見及其他批評反映給格羅夫斯將軍,他立刻妥協。

科學家們將成為國防部的一般雇員,但洛斯阿拉莫斯的安全措施仍在軍方的管轄下,而歐本海默只要與負責安全的官員協商之後即可聘請、解僱科學家或技術員。

這樣,歐本海默才能繼續在國內東奔西走應徵人才,逐漸組成了他的這個非常出色的科學研究隊伍。

格羅夫斯讓歐本海默共同負責洛斯阿拉莫斯的安全問題一舉,顯得有些諷刺意味。因為歐本海默本身還在軍方情報人員的嚴密調查中,有3位更是一刻都不鬆懈,其中一位是格羅夫斯的助理之一,他叫約翰‧蘭茲代爾,他是負責整個「曼哈頓計劃」的安全軍官。

雖然他對歐本海默不太信任,但在多次與歐本海默本人及其夫人會談之後,他慢慢地下了個定論,那就是這位研究室領導人絕對不會泄密給納粹黨,也不會給蘇聯通風報信。

另一位是在西岸負責當地情報工作的鮑里斯‧帕什上校,他對歐本海默的懷疑可就沒這麼簡單了。

從舊金山共產黨辦事處的電話竊聽內容,以及對歐本海默的學生的監督結果,帕什判定在勞倫斯的迴旋加速器實驗

室裡，暗藏有共產黨諜報網，因此他認為，歐本海默絕對脫離不了關係。

帕什將這個訊息傳達給蘭茲代爾上校以及皮爾·席爾瓦上尉。席爾瓦上尉負責洛斯阿拉莫斯實驗室的安全管理，他對歐本海默採取嚴密監視，竊聽他所有的電話，檢查來往信件，並派兩名由情報員喬裝的貼身保鏢隨時監視。這種監視待遇，一直持續到戰爭結束。歐本海默對這種特殊待遇倒是一副若無其事的樣子。

他在任何時候手邊總有忙不完的事情。他首先網羅了現在和以前的學生羅伯特·席堡專注於炸彈結構理論部分，另外還有兩位伯克利人，他們是菲利普·莫里森及大衛·霍金斯。

有趣的是，儘管軍方情報人員對每位前來洛斯阿拉莫斯工作的人員都作了深入的調查，但是他們卻漏掉了莫里森及霍金斯兩人與共產黨的關係。

不過，另兩位學生的運氣可就沒這麼好了。戴維·玻姆是物理系的高才生，但洛斯阿拉莫斯的安全負責人席爾瓦上尉懷疑玻姆是位共產黨員，不批准他的加入。

另外一位也遭遇同樣的質疑而被拒之門外的是羅西·洛馬尼茨，在歐本海默眼中，他是位「聰明絕頂、誠實、才氣洋溢的學生」，在伯克利及舊金山的情報人員跟蹤調查之後，認為洛馬尼茨可能也是共產黨員。

　　儘管他們沒有證據來支持這個推論，更何況身為共產黨員，也不一定就代表他會背叛國家，情報單位還是祕密地將他完全排除在戰時軍事研究人員名單之外。

　　1943 年 7 月 30 日，一直跟隨勞倫斯從事迴旋加速器工作的洛馬尼茨突然收到通知調入陸軍服役。他上訴請求更改，但他的申請卻被徵兵單位主管路易‧赫爾希親自批退，洛馬尼茨在戰爭時期就一直在陸軍當二等兵。

　　在網羅到這些以前的學生以及一些基層科學家之後，歐本海默開始利用個人魅力及說服力去招攬那些高級科學家們加入，其中兩位重要成員也就是理論物理學家漢斯‧貝特和愛德華‧泰勒馬上就答應加入洛斯阿拉莫斯。

　　歐本海默指派貝特負責理論部分，但此舉卻激怒了泰勒，因為他早已屬意這份工作。為了安撫泰勒，他指派泰勒負責一個更大規模炸彈的製造。

　　這種炸彈一般稱為「氫彈」，泰勒則稱之為「超級炸彈」。不過，歐本海默事先聲明，分裂式原子彈有優先權。

　　伊西多‧拉比卻以手邊雷達研究工作繁重，以及不希望將 30 年來的物理學浪費在製造像原子彈這類可怕武器上為理由而拒絕了歐本海默的極力邀請。

　　另一位他力邀的科學家利奧‧西拉德，不提任何道德束縛，卻以荒漠工作環境不佳為由，他說：「沒有人可以在那種

地方思考，去到那種地方準會發瘋！」

這些拒絕令歐本海默十分心寒，不過他也得到一位重要人物的支持，恩里科‧費米就允諾在芝加哥一完成鈾片管的計劃，馬上就來洛斯阿拉莫斯支援研究工作。

1943 年，科學家們初到洛斯阿拉莫斯，都發覺這地方稍嫌簡陋：整個農場裡只有 27 間小房子，另外有個叫「富樂居」的大會堂。

在 1 月時，歐本海默及格羅夫斯初步估計，可容納大約 30 位科學家，不過，很快地他們就發現當時低估了形勢。

格羅夫斯召集了軍方及地方的建築工人，搭蓋便宜、簡陋的房舍，並在臺地與聖塔菲之間，鋪設一條比較像樣的通路。

不過，這些建設的進度緩慢，一直到大戰結束前，洛斯阿拉莫斯還是十分原始的風貌。風雨來襲道路就泥濘不堪，房子裡夏熱冬寒，水也不夠，因此很少淋浴。電話也只有三部，而且全部都被竊聽。

儘管環境惡劣，自願加入的人員還是不斷地湧入洛斯阿拉莫斯。到了 7 月，在此工作的科學家、技術人員及軍人一共有 250 人。兩年後第一顆原子彈完成試爆時，此地人口則多達 3,000 人。

「對大多數的科學家和他們的家人來說，來到這個荒漠，離開的日子又遙遙無期，還得受半軍事的監護，著實困難重

重。」歐本海默苦澀地說。

更令那些流亡科學家煩心的是：在研究區周圍高架的鐵絲圍牆。費米的妻子蘿拉和歐本海默持相同看法：「很多歐洲來的科學家都過得不愉快；尤其是住在圍牆內，就讓他們聯想到在集中營裡的日子。」

到了夏天，歐本海默及格羅夫斯盡可能將洛斯阿拉莫斯改建成 20 世紀的西部拓荒小鎮。

1943 年的前 8 個月，歐本海默來回奔波於加州與新墨西哥州間，一方面物色更多科學人才，另一方面也安排將伯克利的一些儀器運往洛斯阿拉莫斯。其中兩次的加州之行卻為他以後帶來不可避免的後果。

第一次主要是由於他的朋友，也是學校裡的同事哈康·舍瓦利耶所引起。在 1943 年 1 月下旬，歐本海默邀他到伯克利家中吃飯。這個晚上，舍瓦利耶把他拉到一旁，提起他與一位在舊金山殼牌石油公司工作的英籍化學家喬治·艾泰頓之間的會晤。

他們兩人都知道艾泰頓在灣區替蘇聯工作。舍瓦利耶說，艾泰頓聽到一位在舊金山蘇聯使館工作的人抱怨，美國戰時武器研究計劃都未知會蘇聯，因此這位使館人員要求艾泰頓四處打聽，艾泰頓才會請求舍瓦利耶來向歐本海默探聽一下消息。

當晚在用餐時，舍瓦利耶並未明白問起，根據歐本海默之後透露，舍瓦利耶當時只是警告歐本海默，小心艾泰頓的行為罷了。

事後回想，他對當間諜一事十分震驚，不過他並沒有立刻向情報單位報告這件意外事件。

一直到 9 個月後，1943 年 8 月，他才向情報單位提起艾泰頓這個事件，但對好友舍瓦利耶企圖刺探機密一事卻隻字不提。

第二次則是在 1943 年 6 月，在歐本海默回伯克利的一個週末，前去瓊・塔特洛克家探望他的前任未婚妻，根據全天候跟蹤的情報人員報告，他在瓊・塔特洛克家裡過了夜。

由於瓊・塔特洛克與共產黨關係密切，在加州的帕什上校開始起疑，再加上 8 月歐本海默透露有關艾泰頓一事，他立刻去信給蘭茲代爾上校，要求「免去歐本海默的職務，並不準他進入任何政府機關工作」。

不過，格羅夫斯將軍又再一次力保歐本海默，一再強調，他是這個職務的唯一人選，沒有他的話這個計劃早晚會失敗。而格羅夫斯將軍本人是絕對不接受失敗的。

在接下來的歲月裡，只要歐本海默還在為政府工作，他就一直被這些調查困擾著，就像一道道無形的阻力攔在他前進的道路上。

# 初次試驗取得成功

1943 年 12 月，英國將另外一位歐洲流亡科學家，也是最偉大的科學家之一的尼爾斯・玻爾送至美國，加入洛斯阿拉莫斯實驗室。

玻恩及幾位英籍科學家到達洛斯阿拉莫斯，象徵著歐本海默在沙漠任務的第一階段已經結束。接下來，所有其他科學家的當務之急就是想辦法搶在德國之前完成炸彈的製造。

在玻恩抵達的前幾個月，以解決炸彈設計及製造實際困難為目的的研究就已經展開了。其中主要的問題在於如何製造一個原子武器的引爆器。

設計人員提出很多計劃，在一番激烈的討論下，最後選擇其中兩個技術上較可行的方法。這兩個方法和莉澤・邁特納以及尼爾斯・玻爾兩人所分別提出的重要理論有相當的關聯。這些理念，之後又由當時在芝加哥從事鈾片管研究的恩里科・費米在 1942 年加以發揚延續。

他們理論中的推測是這樣的：在中子的撞擊下，鈾 - 235 原子一分為二。若有大量的純鈾，這個分裂作用將會很快由一個原子擴散到其他原子，而造成一個連鎖反應。

也由於這種連鎖反應，所釋放出的能量加倍。原先的原子一分為二之後，放出的中子束，又分裂 4 個以上的原子，而這 4 個原子分裂後的中子，又使得 8 個以上的原子進行分裂。

以此類推，其分裂的速度驚人，因此若有足夠的鈾-235原料，這分裂作用將一發不可收拾，無法控制，而其所累積釋放出的能量將會導致爆炸。他們把這個導致爆炸連鎖反應所需的鈾量稱之為「臨界質量」。

1942年11月，費米在芝加哥用實驗來證明鈾元素的性質，他的研究小組將足量的鈾放在一起，引發了一個可控制的爆炸，第一次用實驗成功地證明了這個理論！這次臨界質量的實驗是非常危險的，如果插在鈾片中的碳棒位置略有差錯，後果可能就難以想像了。

由於鈾片特殊的排列方式，使這次爆炸的威力並沒有完全發揮。要不然的話，不止在場的科學家性命難保，甚至在研究室周圍的地區，也會遭受慘重損失。幸好，費米不只是位優秀的理論學家，也是位十分小心的實驗家，使得這次實驗順利進行，也解開了鈾連鎖反應的實際真面目！

同時，在洛斯阿拉莫斯的歐本海默、泰勒、貝特、席堡等科學家，則繼續炸彈的設計工作。

最初提出的設計，有些類似密閉的大砲，發射出一枚鈾子彈，射向另一個裂變物質，鈾將達到「臨界質量」而引發核爆這種方式稱為「手槍式」。這種「手槍式」的主要問題在於，鈾分裂速度是否快到足以引發核爆的程度？另外，科學家也在研究利用鈽元素製造原子彈的可能性。

　　鈽是一種人造元素，可用芝加哥鈾片管反應爐來製造，另外軍方在田納西州的橡樹嶺以及華盛頓州的漢福德鎮兩地亦有生產。由於鈽元素是人工製造，而非自然界現存的，必須更仔細地研究其原子特性。

　　科學家第一個要解決的問題是，散亂開來的中子對鈾及鈽的影響。初步的實驗數據很明顯地顯示，這些中子會使得利用「手槍法」的炸彈提早爆炸，而如果鈾或鈽過早爆炸，那分裂所產生的能量，則無法完全集中發揮出來。

　　洛斯阿拉莫斯的科學家們討論後，提出不少解決之道。其中一個方法就是將鈾彈以高速發射出使其儘快到達指定地點，免去散亂中子的干擾。很可惜，這個方法所需的高速為每秒 900 公尺，一般軍用大砲都不合用，因此歐本海默下令手下的大砲小組開始設計一個高速炮。

　　歐本海默手下的一位較年輕的物理學家卻有另一套方法。塞思‧寧德梅耳提出「內爆式」的方式，將鈾或鈽擠壓成高密度的核心。管狀的鈾或鈽周圍以爆裂裝填物包圍，首先引爆周圍所有的爆裂物，用它所產生的力量來擠壓鈾或鈽，一直到達「臨界質量」。

　　如此一來，就可以減少中子的亂流乾擾，但不少資深科學家馬上指出另外一個問題點：如何才能夠「平均地」去擠壓鈾呢？如果爆裂力量不平均，那麼內部的鈾或鈽，很可能擠開至兩端，而無法達到「臨界質量」。

　　儘管有這個問題，歐本海默仍對寧德梅耳的「內爆式」十分有信心，並鼓勵他及一小組人員，開始研究其成功的可能性。

　　在 1943 年的夏秋季，在洛斯阿拉莫斯的山丘及峽谷，不時傳出實驗的爆炸聲。同時，也有科學家利用一個小型迴旋加速器研究證明鈾 - 235 釋放及吸收中子的速度很快，實際吸收速度少於 10 億分之一秒，可用在「手槍式」炸彈中。

　　另外一位科學家研究發現，手槍式炸彈的中子亂流是由宇宙射線所引起的，由於洛斯阿拉莫斯的地勢較高，稀薄的空氣無法阻擋宇宙射線；艾米利歐‧塞格雷還計算出，如果炸彈外加一護罩，那就沒有什麼大問題了。

　　因為這項發現，歐本海默下令大砲小組，暫停高速炮的製造，採用一般軍用改良大砲即可。這個「手槍式」鈾彈，似乎已接近完成階段了。

　　歐本海默及洛斯阿拉莫斯的科學家，還不太肯定鈽彈能否成功。其中一點是鈽釋放出大量的中子，因此絕對不能用於「手槍式」的炸彈，或許可以適用「內爆法」的炸彈。不過，內爆法炸彈的研究進行得並不順利。

　　到 1944 年初，歐本海默就面臨一個困難的抉擇，他清楚地知道，「曼哈頓計劃」的田納西州及華盛頓州的工廠，要一年或一年半後才能開始提供第一批鈾 - 235 及鈽，因此，美國政府現在手邊的材料只夠做幾顆炸彈。

科學家不但要讓「手槍式」及「內爆式」兩種炸彈都成功完成，而且還得加快進度才行。歐本海默決定撤換「內爆式」炸彈研究小組的領導人塞思‧寧德梅耳，而改由喬治‧基斯塔科夫斯基來接任，他是由外面招進洛斯阿拉莫斯的一位爆炸專家。

這個決定，就像歐本海默必須作的其他人事調動，點出了在洛斯阿拉莫斯的每位工作人員所感受到的極度壓力以及情緒壓迫。

基斯塔科夫斯基回憶道，在戰後「每件事都顯得簡單、輕鬆，大家都成為好朋友」！

但他強調，在 1944 年至 1945 年的洛斯阿拉莫斯可大不相同。他想起他當時第一個反應，說道：「幾個星期後，我才發現我的位子十分不穩，因為基本上我夾在兩個水火不容的塞思‧寧德梅耳以及他的上司迪克‧帕森斯中間，並要為他們的研究成果理出個頭緒。」

在整個紛亂過渡期，歐本海默總是保持著研究室領導人應有的穩重。有時，他會對進度緩慢的科學家大聲叫罵或羞辱，不過這情形並不常見。他的領導風格中最出色的一點是，他在壓力下所保持的一貫沉穩的態度。

1944 年，外界對歐本海默最大的打擊，是他的前任未婚妻瓊‧塔特洛克的死訊！瓊‧塔特洛克是在伯克利自殺身

亡的。當時一直對她保持監視的軍方，馬上就知道了她的死訊，卻一直沒有讓歐本海默知道。當他在簡‧塔特洛剋死後一個月得知這個不幸消息時，立刻放下手邊工作，到臺地上的松樹林裡走了好久。

軍方對歐本海默的監視仍未有一點鬆懈，而他本人也很清楚。儘管壓力與日俱增，但他沉著的態度，使得研究工作進展十分穩定。

愛德華‧泰勒提到當時的歐本海默，說道：

> 在大戰這段期間，歐比對研究室裡每一個角落所發生的事都瞭如指掌。他在分析人際關係及技術問題上十分迅速而且深入。

歐本海默很清楚每位工作人員間的相互關係及其喜惡。他知道如何去組織人員、打氣、說笑，並安撫情緒 —— 也就是以看不見的手，強而有力地領導整個研究室。

他是個為國奉獻的典範，也是位滿懷人道精神的英雄。讓他感到失望的是人們感到一絲的罪惡感。

1944 年底到 1945 年，歐本海默開始得到正面的結果。首先由「內爆式」炸彈的研究小組傳來好消息。基斯塔科夫斯基在來洛斯阿拉莫斯之前，就在快速及慢速燃燒的爆炸物方面有深入的研究。

根據他的經驗判斷，他知道如何將爆裂物放入精密的儀

器中來產生一個巨大卻能控制的爆炸。運用他的知識，他將內爆法炸彈的內部結構作了一番調整。他將外包的管狀容器改成球形。一個由快燃及慢燃爆炸物的組合，改以片狀排列在中央的核心周圍，同時引爆以造成一個向內的壓力，將核心的鈈壓縮至臨界質量，1944 年所得到的實驗結果證明這個方法行得通。

1945 年初，測試炸彈各種不同模型的主要實驗開始進入最後階段。其中最重要且最具危險性的一刻，也許是模擬連鎖反應開始的那百萬分之一秒。

在洛斯阿拉莫斯的另一位流亡科學家奧托‧弗里施負責這一部分的研究。弗里施先在桌面上，將鈾片堆高，在桌子上方的兩條鋁條上放置一片 2 吋長、6 吋寬的鈾片。接著將鋁條上的鈾片掉落到桌面上的鈾片堆的洞中，並觀察接觸那一瞬間所產生的核子反應。

他所使用的鈾比一般的還純，但仍比真正的炸彈材料略差。儘管如此，如同弗里施所解釋的：這是我們在沒有真正造成爆炸的情況下，所能做的最接近真實狀況的引爆，結果相當令人滿意。一切都按原計劃進行，當鈾片掉落到洞裡時，發出一束強大的中子，並有溫度上升的現象，就在那一剎那，連鎖反應開始進行，像硬被壓抑下來的爆炸。

弗里施的一位同事戲稱這次實驗是「牛刀小試」。

憑藉這次以及後續的實驗，洛斯阿拉莫斯的研究人員們才決定製造彈芯的原料大約需要 15 公斤的鈾，或是 5 公斤的鈽。

實驗取得了可喜的進展，歐本海默的下一個難關就是要說服格羅夫斯，讓他在內爆式原子彈使用前進行一次實彈試驗。

原來格羅夫斯在何時能使用原子彈的日期問題上向陸軍部長史汀生打過包票，因此他認為這種實彈試驗可能白白浪費如此寶貴的鈽，從而影響他向軍方提交第一枚實用原子彈的時間。

歐本海默不得不去向史汀生解釋，如果不經試驗，而在實際使用時發現鈽彈根本不行，會產生多麼嚴重的災難性後果。但直到基斯塔科夫斯基提出「製造一個保險容器用於回收爆炸後的鈽」的建議後，格羅夫斯才同意了實彈試驗的要求。

## 工程支隊的危機

一系列的研究和實驗需要增加數百人的技術隊伍，後來，一直為此苦惱的歐本海默為應徵新的人員找到了渠道。他可以從兩個來源找到所需要的人：即從陸軍中挑選，或者從即將結束的其他戰時科學研究專案的人員中挑選。

曼哈頓計劃

　　初看起來，似乎從陸軍中挑選到合格的物理學家與工程師的希望不大。但當時陸軍剛剛執行一項計劃，即從應徵入伍的新兵中挑選一批合格的人員編成特種工程支隊。

　　歐本海默充分利用了這項計劃所建立的技術隊伍。1944年下半年，新編的特種工程支隊源源不斷地開到洛斯阿拉莫斯。當內爆研究達到高峰時，基斯塔科夫斯基研究組的600人中有400多人屬於特種工程支隊。前特種工程支隊士兵阿羅·菲什拜因說：

　　　　每天早上 6 點吹起床號，6 點 30 分開始上操，一直操練到早上 8 點上班，已經十分疲勞。而且，我們的工作時間很長，有時在工廠加工一些零件，直到第二天凌晨兩三點鐘才能上床睡覺。生活條件糟透了。

　　　　特別是 1944 年的冬天異常寒冷，營房的水管凍裂了，發生了真正的水荒。情況變得特別糟糕。試想 30 個人擠住在一間屋裡，每人每天只發一桶水，洗什麼都靠它。

　　　　因此，我們只好每天沖一次馬桶。在洛斯阿拉莫斯的文職人員與他們家庭的生活條件雖已算很差，但我們這些軍人的生活簡直糟得無法忍受。我們有些人只好動點歪腦筋。在我工作地點的過道旁有一間放射性去汙淋浴室，我們經常偷偷地上那裡去沖澡，一直到被管理人員當場抓獲為止。

特種工程支隊的士兵看起來在各方面都要受到歧視。

他們一方面要遵守陸軍的嚴格紀律，另一方面卻又得不到晉升的機會，因為脫離士兵這種苦難生活的階梯，軍官學校由於保安方面的原因，對他們關上了大門。

科學家們也由於保密原因，用不信任的眼光來看待他們。

新兵們對自己從事的任務性質一無所知，只感覺到身邊這些文職人員的同事們躲躲閃閃，非常不願意與他們合作。

特種工程支隊的問題最後發展到很嚴重的地步，使得歐本海默與基斯塔科夫斯基發現，他們有面臨一次兵變的危險。士兵們不滿情緒的焦點集中在他們的指揮官身上。

基斯塔科夫斯基回憶道：

> 這位指揮官是一位應徵入伍的典型軍人，來自南波士頓，說話帶有濃厚的愛爾蘭口音。
>
> 他天生憎恨哈佛大學，憎恨知識分子，憎恨一切人。因此，年長的士兵們最後忍不住跑來找我，說他們想要向陸軍當局遞交一份抗議書，要求調走這位指揮官。
>
> 我直截了當地告誡他們，在戰爭期間，軍人提出抗議就會被認為是反叛上級，千萬不要這樣做。我跟他們說，讓我們去找歐本海默。

　　基斯塔科夫斯基真的找到了歐本海默。當格羅夫斯下一次訪問洛斯阿拉莫斯時，歐本海默就乘機向格羅夫斯告了狀。

　　格羅夫斯尖銳地批評歐本海默多管閒事，因為這純屬陸軍內部的事務。

　　歐本海默為了維持他兩人的團結，便不再多嘴，就閃在一旁讓基斯塔科夫斯基去繼續這場特殊的鬥爭。

　　基斯塔科夫斯基回憶當時的情況：

　　　「我要求搭乘格羅夫斯的汽車與他一起由洛斯阿拉莫斯去阿爾伯克基，終於有一天在後半夜我與他一起上車，於是在車上展開了辯論。」

　　　「我向他反覆強調說，這種惡劣情況已經影響到中層技術人員。我是這個組的負責人，如果情況不改善，我只好辭職不做。我向他坦率地說，『你知道我自己並不願意到這裡來工作，不僅如此，你也無權扣住我不放。我的年歲早已超過徵兵年齡，我完全可以辭職不做。』」

　　　「格羅夫斯對我的話反應非常強烈，他大聲斥責我干涉軍隊的內部事務。但這次談話卻收到了效果。

　　　事後，那位指揮官被撤換了，調去當軍官食堂的主任。問題就這樣解決了。」

　　調走這位指揮官後，情況發生了巨大的變化。

　　特種工程支隊士兵們的生活有了明顯的改善。

阿羅・菲什拜因這樣寫道:「我不習慣在營房裡睡覺,不久以後,就被批准在實驗室的工作臺下面架一個床鋪,這至少還可以在那裡自己做飯吃,簡直太棒了。」

另一名士兵瓦爾・菲奇寫道:「起床號取消了,公共廁所也改由雇來的外包人員打掃。但我們仍要承擔管理營房倉庫這種雜務……根據陸軍的傳統,副排長應負責派人管理倉庫。

但在這個營房裡,我們建議在自願擔任管理工作的士兵中推選一人承擔,並付給他一定的報酬。」

「每星期六早上仍然安排有檢查內務的專案,但對內務整潔的要求卻放鬆了。新任的連長以高速度匆匆走過營房,速度僅亞於光速,看一眼,然後萬事大吉,下星期六再見!」

## 度過艱苦的生活

1944 年秋,內爆式與手槍式結構所用的炸藥試驗達到了高潮。由於發現鈽彈根本不可能採用槍式結構,至少在這方面科學家們的任務輕鬆了一些。他們不必再試驗以設法達到槍式鈽彈所需的極高壓攏速度。

直到 1944 年 12 月,科學家們才試驗了真正的槍式結構武器。透過試驗表明,採用槍式結構的鈾彈毫無提前起爆的危險。因此,只要橡樹嶺工廠能夠生產出足夠數量的鈾 -235,這種原子彈立即可以製成並交付使用。

然而，橡樹嶺工廠的生產卻落後於原定進度，而且面臨嚴重的技術困難。預計到 1945 年 8 月前，不大可能生產出第一枚原子彈所需用的全部金屬鈾。

內爆式結構的試驗雖然在全力以赴地進行，但情況並不理想。開始的一批試驗未能取得肯定的結果。10 ～ 11 月持續不斷的試驗也未能表明所採用的透鏡形炸藥能否產生真正對稱的衝擊波。

12 月 14 日，試驗小組又改用了完全新的方法進行了一系列新的試驗，這時才第一次看到了可能獲得對稱性衝擊波的跡象。幾天之後，格羅夫斯和科南特訪問了洛斯阿拉莫斯，以便親自評價內爆式試驗進展的程度。

他們兩人雖然在公開場合都表示對試驗結果非常樂觀，並與歐本海默打賭，看他能不能在槍式原子彈有足夠的原料之前就製成內爆式原子彈，但他們私下卻表示對內爆式原子彈的前景非常擔憂。

他們估計，內爆式原子彈的威力最多不過 850 噸左右的TNT 當量，甚至還可能小於此數。確實，一方面，由於當時人力物力都十分缺乏，他們都十分懷疑這種武器能否在 1945年內試驗成功。另一方面，訂貨也成為一個嚴重問題，因為工業界看到戰爭快要結束，開始放鬆了軍事訂貨的生產，從而為內爆式試驗帶來更多的困難。

在人力方面，歐本海默雖然得到了特種工程支隊的大力支援，但仍感人手缺乏。他無法支付像其他工業那樣高的薪水，同時，當年冬季洛斯阿拉莫斯的氣候特別糟，也使一些人不敢問津。

直到 1944 年 11 月至 12 月，他才好不容易應徵了 200 人，但到了 1945 年 2 月，其中約有 1/3 卻聲稱由於環境過於艱苦而辭職不做了。

在 1944 年漫長而嚴寒的冬季，由於洛斯阿拉莫斯居民生活方面的困難，使得隊伍的士氣特別低落。住房短缺仍然是嚴重的問題。

麥基建築公司在 12 月完成了第三期的住房工程，但由於新的人員大量湧入，致使房屋短缺的情況並無改善。

在住房分配方面，由於規定科學家比技術員有優先權，又產生了新的矛盾。甚至在採取了這樣的政策後，即對不帶家屬到洛斯阿拉莫斯來的技術員每人發給 100 美元津貼，也絲毫沒有減輕對住房的壓力。

在整個冬季，水的供應嚴重短缺。經過常年積雪，山嶺的輸水管線經常發生堵塞。

人們把這種生活上的艱苦原因主要歸罪於「格將軍」，也就是格羅夫斯的綽號，不是沒有理由的。格羅夫斯總是把洛斯阿拉莫斯的一切設施都看做是臨時性的，因此很少建造像樣的正式建築。

　　由於洛斯阿拉莫斯實驗室在他直接管轄之下，因此他的這種吝惜程度，使這裡的住宿條件比「曼哈頓計劃」內其他所有專案都更差。且應該承認，不知什麼原因，歐本海默也默許這種狀況，同意格羅夫斯把洛斯阿拉莫斯看做是一處臨時性的設施。

　　歐本海默本人的家庭生活也受到了住房緊張的影響，他住在「浴池街」的一個帶外廊的平房內。就洛斯阿拉莫斯的標準來說，這也算是「高級住宅」了。

　　這批平房距離雨天泥濘而晴天塵土飛揚的糟糕街道比較遠，而且室內的水暖設備比較完善。凱瑟琳帶著兩歲的兒子彼得來到洛斯阿拉莫斯一年後又生了個女兒，取名叫托妮。

　　凱瑟琳帶著嬰兒，也經受了物資短缺的種種痛楚：從買不到奶瓶奶嘴，直到沒有洗尿布的設施，她從來也沒積極參加基地內的社交活動。

　　凱瑟琳是一位生物學家，她參加實驗室工作，但拒絕承擔社交生活中的「主任夫人」這一角色。於是洛斯阿拉莫斯實驗室的正式社交活動的中心轉移到第三把手威廉·帕森斯夫人的家中。甚至在有關日常生活的指導中，凱瑟琳的名字也從未出現。

　　這種報導是高級科學家們的妻子撰寫的。其中沒有出現過凱瑟琳的名字，可能表明她寧願與男同事交往，也不願與婦女們交朋友。但也有人認為其原因不止於此。

歐本海默當時的女祕書普麗西拉‧杜菲爾德回憶道：

> 凱瑟琳是一位非常熱情、非常聰明、精力充沛的婦女，我認為她無所不知。她固然與其他的婦女合不來，而且男同事，甚至很有教養的男同事，也說她過於潑辣，這是我難以想像的。
>
> 我認為她一定對來到洛斯阿拉莫斯非常失望。我確信她曾有過浪漫生活的想法，但從未能得到滿足。這種想法年年折磨著她，使她變得越來越灰心喪氣。
>
> 我不知道凱瑟琳對歐本海默的影響有多大。但我猜想，歐本海默遇到自己解絕不了的難題，常常會徵求她的意見。他對凱瑟琳意見的重視程度，不亞於對其他人忠告的重視。

凱瑟琳的沮喪心情與孤獨感不斷增長，從很多方面可以表現出來。她的孩子們首先受到這種情緒的傷害。歐本海默的弟妹傑基回憶她 1945 年在洛斯阿拉莫斯時的情況說：

> 孩子們真可憐。凱瑟琳有時到阿爾伯克基，甚至到西海岸去買東西，一去就是好幾天。她把孩子們留給一位德籍女僕看管，這個女僕對孩子們很凶。每次凱瑟琳回來，總要帶一些貴重的禮物給彼得，她肯定是內心感到非常難過和抱歉 —— 可憐的凱瑟琳。

曼哈頓計劃

# 迷茫歲月

如果原子彈成為敵對世界的新式武器，或者成為國
家備戰的武器，那麼人類詛咒洛斯阿拉莫斯和廣島
的日子也就到了。

—— 歐本海默

## 主張原子彈用於和平

1945 年 3 月，那些依然相信德軍隨時可能使用核武器的美國科學家們正加快速度趕製炸彈的同時，美國的政軍人員就開始計劃要如何使用這個炸彈了！

不過在作任何決定之前，美國羅斯福總統就因腦出血於 1945 年 4 月 12 日病逝於喬治亞州的溫泉鎮。

這時是洛斯阿拉莫斯實驗室建立兩週年，歐本海默在弔唁羅斯福總統的會議上說，多年來我們大家都經歷了巨大的痛苦和恐懼，羅斯福總統使得全世界億萬人民有了信心，我們在這場戰爭中所做出的犧牲，將使一個更加適合人類文明的新世界誕生。

他的結論是：「我們應該獻身於這個理想，使這個壯麗事業不會因為羅斯福總統的死亡而中止。」

他始終相信，羅斯福總統和他的手下，對這個威力恐怖的新武器的使用需要一個新思路這個事實是了解的。

弔唁會後，他對助手霍金斯說：「羅斯福是個偉大的建築師。現在，杜魯門也許會是個好工匠吧！」

杜魯門正好在最尷尬的時候接任美國總統一職。在羅斯福總統死前，美國有關結束第二次世界大戰的策略，以及戰後的核武器政策正進行到必須面臨抉擇的十字路口；而接任的杜魯門總統也因此被迫在任期開始的幾個星期之內，就必

須作許多重大的決定。

4月，是洛斯阿拉莫斯好運的一個月。所有各項任務進展順利，因此歐本海默告訴格羅夫斯將軍，預計到8月1日可以製成一枚實用的原子彈。

格羅夫斯得到這一消息之後，立即前往華盛頓，準備在4月25日向新總統匯報。由於史汀生要與格羅夫斯一起出席會議，因此格羅夫斯提前兩天向這位年邁的陸軍部長提交了一份書面的情況報告。

在整個戰爭期間，格羅夫斯居於一種奇特的地位。在洛斯阿拉莫斯和曼哈頓計劃的實驗室內，他是一個外行，要聽取別人的匯報；但在其他跟軍事有關的場合，他卻是內行專家。

在政界人士中，恐怕很少有人能像他這樣掌握了如此豐富的原子彈知識。因此，當更換總統之後，在決定政策的關鍵時刻，格羅夫斯的這種特殊地位起了很大的作用。在他與史汀生共同工作期間，他完全有能力從最上層對今後政策施加影響。

對於4月25日會議的安排方面，有人擔心如果史汀生和格羅夫斯兩人一同進入白宮去見總統，那麼一定會引起記者們對此事的猜測，因此，決定讓格羅夫斯由旁門進入白宮，經過一段走廊來到西側的一個房間，等候接見。

史汀生比格羅夫斯早到，先進入總統的辦公室，他向總統強調，美國對於發展這種足以毀滅整個城市的空前可怕的武器負有道義上的責任。然而，只要美國能夠以恰當的方式使用這種武器，也有可能建立一種能挽救世界和平與人類文明的新秩序。

然後，史汀生要求總統讓格羅夫斯進來。這時杜魯門總統第一次閱讀格羅夫斯的那份報告，而史汀生與格羅夫斯則合看另一份副本。格羅夫斯將軍詳細介紹了發展原子彈的整個過程以及準備如何使用它的設想。

當討論到攻擊目標時，格羅夫斯指出，自 1943 年之後就已將日本列為可能目標之一。當時確實也有可靠的軍方情報估計如果使用原子彈，可以代替美軍在日本本土登陸而取得戰爭的勝利，這樣至少可以少犧牲 100 萬人以上。

對原子彈效果的這種估計確實打動人心，但格羅夫斯並未向總統提到軍方對這一數字還存在著不同看法。例如，陸軍參謀長馬歇爾將軍就估計，入侵日本本土所付出的代價可能相當小，大約在 40,000 人左右。格羅夫斯也沒有提到，參加「曼哈頓計劃」的大多數科學家從事這項研究的動機只是為了反對納粹德國，而非日本。

會後，3 人共同決定，政府應成立一個正式組織，由專家及政治家參與，來引導國家的核政策發展。在史汀生的催

促下，總統正式授權「過渡委員會」的成立。其中成員，包括資深的科學家及政治人物，如史汀生本人、國務卿詹姆斯·貝爾納斯以及「曼哈頓計劃」中兩位資深領導人 —— 威能瓦·布希及詹姆斯·科南特。

但布希及科南特都為沒有科學家參與而深感不妥，因此建議設立科學部來輔助「過渡委員會」的運作。提議被接受後，阿瑟·康普頓、厄尼·勞倫斯、恩里科·費米以及羅伯特·歐本海默等 4 人均加入了科學部。

杜魯門入駐白宮以後，太平洋戰場進入了最血腥的殺戮階段。1945 年 3 月 9 日晚上，334 架 B-29 轟炸機向東京投下了無數噸凝固汽油彈和高爆炸彈，高溫火焰殺死了約 10 萬人，將東京近 41 平方公里的地方被焚燬。

這樣的火焰轟炸襲擊一直持續到 7 月。日本數十萬平民喪生，僅剩下 5 個城市沒有毀滅。這是純粹的戰爭行動，轟炸不再僅僅針對軍事設施，盟軍的目標是摧毀整個國家。

火海轟炸對普通美國人來說不是祕密。大家從每天的報紙上都可以看到具體的報導。這種整體摧毀城市的策略勢必引起人們的道德反思。

歐本海默回憶起陸軍部長史汀生對他說過的話：「如果沒有人起來抗議我們現在對日本進行的空中轟炸所造成的異常重大生命犧牲，那是一件非常可怕的事情。他沒有說，我們

應該停止對日本轟炸,只是覺得,在美國居然沒有人起來抗議,事情有點不對勁⋯⋯」

1945 年 4 月 30 日,希特勒自殺。7 天以後,德國投降。物理學家西格瑞的第一個反應是「我們動手得太晚了」。他認為,製造原子彈的唯一目的就是轟炸德國。

西格瑞的想法代表了洛斯阿拉莫斯實驗室大多數科學家的意見。他後來在回憶錄中說:「原子彈不能再用來對付納粹,大家疑慮叢生。這種疑慮在正式報告中是看不出來的。我們在各種私下的場合討論這個問題。」

5 月 31 日,「過渡委員會」與科學部的第一次正式會議舉行,也就是在德軍投降後 3 個星期,歐陸戰爭結束時。

在這次會議中,玻恩及其他人所提的重要問題,都被充分討論並達成決議。委員會要求歐本海默對 3 個問題提出簡報,包括原子彈研究進度。這項武器的威力,以及戰後可能的後續研究等。

歐本海默報告了一些數字。在洛斯阿拉莫斯正在研製的炸彈,威力相當於 2,000 噸至 20,000 噸炸藥。至於較大的氫彈「超級炸彈」的威力更甚於 500 倍以上,也就是相當於 1,000 萬噸以上炸藥的威力。

這些天文數字遠超過一般非軍方委員所能理解的程度,頓時,會場陷入一片震驚的沉默中。

在歐本海默結束他的報告之後，接下來討論的是，有關和蘇聯以及其他國家分享研究成果一事。

根據當時的會議記錄，歐本海默一開始就點出：儘管炸彈研發的第一目的是在縮短戰爭……美國政府較明智的做法，是與世界各國做免費的科技交流，特別著重於和平用途上的發展。

研究的最終目的，就是在為全體人類爭取最大的福祉。如果我們在使用原子彈前就主動去做交流工作，那我們在道德上才站得住腳。大多數與會人士直覺上就不贊成技術公用。

不過，在歐本海默的陣線上，出現了一位意外的支持者，美國陸軍總司令喬治‧馬歇爾將軍，他非常關心戰後與蘇聯合作的事宜。

為了降低大家對蘇聯的恐懼，馬歇爾將軍提議邀請蘇聯科學家來三一基地，並參觀定於這個夏末的試爆。

但新上任的國務卿貝爾納斯卻否決這項提議，改提議美國繼續進行永久的核武器製造工廠的建設，以及其他核武器研究計劃，同時並尋求與蘇聯改善關係的途徑。

在大家附和貝爾納斯的提議時，歐本海默只是沉默不語。與蘇聯的談判及公開研究成果遭受否決，使歐本海默也許是第一次感受到權力的光芒，身處在美國眾多頂尖的精英

分子中，他只能作微弱的抗議罷了！這次會議以後，美國開始步上全力將原子彈研究據為己有之路。

委員會接下來討論有關日本的緊急事項。轟炸日本的爭論點，最後落在一個假設，那就是使用原子彈會打擊日本人民以及操控戰事的日本軍閥的意志力。

不過，原子彈是否投向日本這個問題沒有結論。事實上，這是一個早已經決定了的問題，決策者是白宮，而不是製造原子彈的科學家們。

史汀生問及原子能的非戰爭用途時，歐本海默開始發言。他首先強調，在現階段，科學家們最關心的是如何縮短戰爭。由於原子物理學的基本知識在世界上的廣泛傳播，他指出，美國最明智的做法是將和平利用原子能的方法和各國共享。

「如果我們能夠在原子彈真正使用以前將原子能利用的資訊公開，美國的道德力量將會大大加強。」歐本海默說道。

午餐以後，與會者開始提出對日本投擲原子彈的問題。當時的會議沒有正式記錄留存。一直到正式會議結束以後，人們還在討論原子彈可能造成的效果。

有人提出來，投擲一顆原子彈的話，其作用看起來可能和春天以來對日本的大規模轟炸差不多。歐本海默同意這個說法，他補充道：「從視覺效果來說，原子彈爆炸是極具威懾性的。」

　　史汀生做了似乎是得到一致認可的總結:「我們不會給日本人任何警告,我們不會以平民區作為目標,但我們應該給盡可能多的居民造成深刻的心理影響。」

　　他表示同意科南特的建議,目標必須是最能打擊日本繼續作戰決心的城市。除此之外,這個城市必須具有軍事地位及價值,例如,為軍事總部或軍隊聚集之地,或有製造軍用品或補給品的工廠。

　　格羅夫斯又補充了另一項令人心寒的規定:「為了讓我們更精確地計算炸彈的威力,所選的城市以前不得有過任何空襲記錄。」

　　很明顯地,這次襲擊若真的發生,將會是場大規模的死亡及毀滅實驗。經過幾個星期的仔細推敲,委員會提出了幾個目標城市,其中包括:日本前首都京都古城、軍事重地廣島,以及日本重要海港橫濱,另外還有兩個小城市。

　　雖然這幾個城市已被選為目標,但是否真要進行這次轟炸仍待商榷。只有杜魯門總統有權作重大決定,但「過渡委員會」的意見也將扮演舉足輕重的角色。

　　其中一位委員提議做一次原子彈的「示範」;他提議與其毫無警告地去攻擊一個日本城市,不如召集日本軍政要人,在偏遠荒僻的地方作一次原子彈威力展示。

　　但這個計劃卻遭到歐本海默反對,他指出,日本政軍人

士也許不為展示所動，再則，原子彈也有可能會失靈；況且日本人還可能動手腳將盟軍戰俘集中到測試炸彈的地方去送死！

全力支持轟炸日本，且力主美國在戰後保持武力優勢的國務卿貝爾納斯，在進行更深入討論之後，做出下列決議事項：第一，科學家暱稱為「小東西」的炸彈將用來轟炸日本。第二，目標選在重要的兵工廠……周圍都是工人的住家。第三，轟炸前，日本將不會收到任何警告。這些結論在委員會上取得壓倒性的贊成票，包括洛斯阿拉莫斯的領導人在內。

這次會議上，對於有關投擲原子彈的「所有可能目標和所有可能後果」都做了詳盡討論。

1945 年 6 月 16 日，「曼哈頓計劃」最高層次的科學家們提出一份不長的意見書，名為「對於立即使用核武器的意見」。歐本海默在上面簽了名。意見書修改以後送交史汀生。

意見書分為兩點：

第一，在使用原子彈以前，華府應該照會英、俄、法、中四國有關原子彈已經存在的事實，並且歡迎四國與美國合作，利用這個武器為契機改善國際關係。

第二，科學家們在如何使用原子彈這個問題上並沒有取得一致意見。一些直接參與製造原子彈的科學家建議，用一次演習來取代真正的攻擊。

歐本海默知道，他的大多數同事都是主張以演習取代攻擊的。但是，他站在另外一邊：不能放棄「用立即軍事攻擊來拯救美國人生命的機會」。

1945 年春天，太平洋地區血戰頻仍，日益慘烈。4 月 6 日，美軍占領沖繩，日本以最極端手段還以顏色，日本空軍組成神風特攻隊，以血肉之軀駕駛飛機衝擊美國軍艦。但經過 3 個月地面戰爭，日軍投降人數高達 7,400 名，顯示日軍內部心理防線開始潰敗。

1945 年初夏，杜魯門總統得到的建議是，一旦原子彈準備就緒，就用它來提早結束戰爭，而且要在蘇聯出兵以前動手。歐本海默和他所領導的科學家們對此毫無所知，一直到戰爭結束以後。

## 選定三一試驗場

1944 年晚春季節，兩輛軍車顛簸地穿過新墨西哥州南部乾旱的沙漠地區，開進所謂「死亡之途」，這是 400 年前西班牙殖民者向北侵入北美洲時對該地的稱呼。這裡杳無人跡，空曠的沙地上常有響尾蛇、蠍子和毒蜘蛛出沒。

他們的任務是尋找一處理想的場地，以便試驗綽號為「胖子」的內爆式原子彈。試驗場要求地勢平坦，無人居住，距離洛斯阿拉莫斯不遠，便於運送各種裝備。

迷茫歲月

　　負責內爆試驗的肯尼斯·班布里奇所領導的選址小組，曾
考慮過許多可能的地址，其範圍包括由得克薩斯海灣內的沙
洲直到科羅拉多州聖路易斯山谷中巨大沙丘之間的廣大地區。

　　但現在，他們已將選擇範圍縮小到新墨西哥州以內。當
車隊穿過疾風勁草的原野，迎著咆哮著的沙暴，他們可以看
到臺地上的狼煙追逐著車隊前進。這是曾在幾世紀以前侵襲
和消滅西班牙入侵者的印第安人的後裔，現在正監視著這車
隊的行蹤的信號。

　　與班布里奇同行的還有一位軍事工程師史蒂文斯少校和
歐本海默本人。歐本海默青年時代曾經和他弟弟漫遊過新墨
西哥州，也到過這片沙漠，這次舊地重遊，暫時擺脫了在洛
斯阿拉莫斯的種種煩惱，他感到意外地輕鬆。

　　班布里奇一行在回程中確定了試驗場的具體地點，但歐
本海默沒有同行。班布里奇圈定了試驗場的範圍：18 英里
寬，24 英里長，位於美國空軍的阿拉莫戈多靶場的一角。他
徵得空軍同意之後，立即打電話給歐本海默報告他的成果。

　　歐本海默得知後，高興之餘，立即將試驗場命名為
「三一」試驗場。這是由他最近閱讀的約翰·堂思的十四行詩
中得到的啟示。這首詩歌頌了三一聖體的靈威，詩中寫道：

　　　　三一聖體啊，請你鞭笞我的心靈，
　　　　您一直在啟示、規勸、呵責以挽救我的靈魂，

156

以您的聖威將把我碎為齏粉，燒為灰燼，

使我重返人世，獲得新生。

於是，新墨西哥沙漠中的這片不毛之地就被賦予了一個神聖的美名。這個試驗場地雖然人跡罕至，但離洛斯阿拉莫斯並不太遠，交通還算方便。

與此同時，山姆‧艾利森由芝加哥調到洛斯阿拉莫斯。他在芝加哥冶金實驗室的任務已經結束，前來參加這裡的工作。

歐本海默對這位得力的物理學家的光臨感到興奮，他立即任命艾利森為技術計劃會議主席，這個顧問機構實際上是掌握整個試驗進度的指揮部。

在艾利森的計劃會議成立之後，就向歐本海默報告了不少好消息；雖然在後來它本身也成為引起計劃進度內部矛盾的根源。

這時恩里科‧費米也已經把研究工作的重點由芝加哥移到洛斯阿拉莫斯，他利用由橡樹嶺實驗反應堆內取得的鈽，第一次進行了直徑約為 2.2 公分鈽球的中子倍增試驗，並由試驗結果推算了內爆式原子彈的臨界質量。費米給出的外推臨界質量數值為 5,000 克左右，這個數字與初期的估計值相近，比過去一般人預料的要小得多。

另一位科學家路易斯‧阿爾瓦雷斯也完成了為時兩年的

起爆裝置發展計劃，滿足了內爆彈所要求在 1% 秒之內同時點火的指標。

1945 年 1 月，他報告了按照最後設計所進行的良好試驗結果。

在遠離實驗區的一座偏僻的「奧米加」實驗室內，也成功地進行了一系列令人毛骨悚然的最危險的試驗，並且得到了最後的結果。

由奧托·弗里施領導的臨界裝置試驗小組，在「奧米加」實驗室內正嘗試著用實驗方法直接取得鈾彈臨界質量的精確數值。為了達到這一目的，他們進行了稱為「逗龍尾巴」的試驗。

在 2 月，有一次試驗中釋放出的能量過大，以致鈾棒開始熔化。後來花費了幾天時間才清理完現場。

費米領導的實驗小組也在「奧米加」實驗室大樓內工作。他們對上述鈾彈臨界試驗非常害怕，因此，在進行上述試驗時，他們撤出了實驗室，躲避到周圍的山中。但歐本海默似乎對這種危險的試驗特別著迷，他定期前往「奧米加」實驗室，在進行試驗時泰然地坐著，與試驗人員討論物理問題。

在洛斯阿拉莫斯進行的各項計劃進展順利，使艾利森與歐本海默可以制訂出今後 5 個月的逐日進度計劃，一直到格羅夫斯將軍指定的實彈試驗日期，也就是 7 月 4 日為止。

然而，內爆試驗計劃似乎卻尚無成功把握，同時出於透鏡型炸藥的形狀方案太多，因此浪費了稀有的原物料。

由於這些原因，引起搞工程的基斯塔科夫斯基與物理學家艾利森之間的摩擦，這兩種人員之間的矛盾是在過去兩年間不自覺地累積起來的。基斯塔科夫斯基說：

> 透鏡炸藥試驗落後於進度。格羅夫斯將軍 1944 年 8 月曾估計過，內爆式原子彈有可能在 1945 年春季試驗，但現在看來顯然是不可能了。
>
> 因此，我認為歐本海默已經對我不抱希望。他對我說，「喬治，讓這些人來幫助你」，但艾利森的委員會與其說是幫助我，還不如說是對我的工作冷眼旁觀。我們和這批人有過一番爭論，他們批評說訂購的原物料不合格。我們就讓他們自己去訂貨，最後他們發現這事太困難，自己做不了。
>
> 我認為，矛盾的根源在於我不是一個物理學家。有一次我不得不向歐本海默抱怨說，在最高級委員會內，我是唯一的化學家，「你們聯合起來反對我，因為我不是你們的同行。」

歐本海默微笑著回答我：「喬治，你也是一個出色的物理學家 —— 只不過是第三流的。」

這些矛盾在事後看來似乎是不值一提的，但當時發展到如此嚴重，以至於在許多年之後，尤其是在他已擔任美國總

統科學顧問而飽經政治風浪之後，基斯塔科夫斯基還能清楚地記住當時的這些衝突以及歐本海默對他的嘲弄。

但不管怎樣，這場爭論有了結果。在 2 月中作出了一項決定，凍結所有的新設計方案，以便集中力量試驗兩種透鏡炸藥。

無論某些高級物理學家如何怒氣衝衝地反對這個決定，但這樣做之後終於使班布里奇能夠抽出足夠的人力去加速三一計劃的準備工作，並安排在 5 月初進行 100 噸 TNT 炸藥的模擬爆炸試驗。

這一試驗的威力雖然比不上某些爆炸事故，但卻是規模最大的一次人為爆炸試驗。為了增加試驗的效果，決定在炸藥中放入一定量的放射性物質，以便科學家們可以首次觀察一種新的現象：放射性物質的沉降。

1945 年 5 月 7 日清晨，科學家們引爆了 100 噸 TNT 炸藥，進行了三一計劃的演習。雖然隨後德國向同盟國無條件投降。

一位科學家說：「大家仍然受到這項計劃進展的順利和所涉及的先進技術的鼓舞，繼續努力工作。」

此時，已有 300 多人在酷熱的沙漠裡工作，其中包括軍人、物理學家、氣象人員和遠距離通信人員。他們在木棚中，在密布的電線之間和崎嶇的土路上孜孜不倦地工作著。

　　肯尼斯・班布里奇為了接納更多的人員，又訂購了 75 輛汽車，但原有的道路系統顯然已不能負擔新增運輸量的需要。這只是必須考慮到的許多困難之一。為此，班布里奇不得不說服吝嗇的格羅夫斯批准動用 125,000 美元修建 40 公里的柏油路。

　　雖然無線電通信採用了專用頻道，但科學家們發現其頻率竟與 900 多外得德克薩斯的聖安東尼奧調車場所用的相同，他們可以聽見鐵路人員調動車皮的命令。

　　這些鐵路人員也可以聽見科學家們準備試驗原子武器的通話，同時在鄰近的索科羅機場的指揮塔裡也可以聽見科學家們的談話。這再一次構成保安方面的嚴重問題，因為在試驗前這一缺陷未能及時糾正。

　　3 月和 4 月，住在三一試驗場上的憲兵與科學家隊伍生活非常寂寞，只能用電影、撲克牌和偶爾到沙漠中獵取野羚羊來消遣。但他們生活的所有方面都越來越緊張，工作非常繁忙。

　　清晨 5 點，試驗場就開始一天的活動，為的是充分利用涼爽的環境；但到了酷熱的中午，也不能停止工作。太陽烤炙著沙土，使溫度高達 38 攝氏度以上。

　　鹼性的沙土吹進了精密儀器內部，也黏附在人們汗濕的身體上。儘管氣候炎熱，但很少有人敢於脫去上衣工作，相

反，遇到颶風天氣，還需要戴上防護眼鏡或用手帕包住臉部。冷水淋浴也起不了清潔皮膚的效果，只不過是用冷水裡的另一種汙垢代替身上的灰沙。

除了飲用水由卡車從外面運來以外，營地上所用當地的水中含有大量的鹼與石膏，洗滌之後會在皮膚上留下一層帶刺激性的沉澱物並使頭髮變硬。

那裡醫院的醫生不得不治療日益增多的皮膚病人與痢疾病人，這種痢疾是由於石膏的瀉腹作用引起的。

野生生物是引起麻煩的另一根源。在這裡工作的人員常受蠍子和毒蜘蛛的螫咬，還要提防毒蛇和毒蜥蜴的襲擊。

由於三一試驗場是在空軍的阿拉莫戈多靶場的一角，這同樣也帶來了不小的危險性。在初期，有一隊進行夜航訓練的轟炸機群把試驗營地誤認為是轟炸目標，曾用炸彈集中轟炸。有一枚炸彈正中馬棚，另一枚命中木工廠 —— 但竟然沒有一人受傷，幾乎是奇蹟。

儘管試驗基地的指揮員一再向空軍提出請求讓他們注意，在以後又發生過一起意外事件。一架進行非法狩獵飛行的 B-29 轟炸機從一隊在沙漠中工作的科學家頭頂飛過，並用尾部機槍向離他們不遠的一群羚羊射擊。大批科學家趕緊匍匐在地，子彈呼嘯著打在他們身邊。

1945 年 6 月，在洛斯阿拉莫斯採取了最嚴厲的保安措

施，禁止任何人訪問周圍的市鎮。在阿拉莫戈多到三一試驗場的公路上還有一兩家旅館，當時也禁止任何人留宿。甚至洗衣房也因保安要求而停止營業。

在試驗前最後幾個月內，原子彈的研製工作闖過了好幾次令人焦急的難關。4 月是順利的，透鏡狀炸藥形狀問題終於得到解決，而且羅伯特‧巴徹甚至報告說內爆衝擊波的對稱性比預計要好。

炸藥點火裝置和引爆所用中子源的研製工作進展也很順利，同時理論部也提出了一系列有成功希望的設計方案。漢斯‧貝特也在他所作的一系列有關原子彈威力預測值之外提出了一個新的數字，大約 5,000 噸 TNT 當量，這比過去所預期的威力要大得多。

然而，5 月卻是一個倒楣的月份：炸藥的電雷管性能達不到原定的可靠性指標。在原子彈外表面上安裝的幾百個電雷管中，只要有一個失誤，就會破壞衝擊波的對稱性。

在離試驗日期不到兩個月的時候，新製成的電雷管卻經常在試驗中損壞，而且找不出原因。火上加油的是，承擔研製點火線路的廠商不能按時交貨，因此整個爆炸裝置的試驗延期了。

這種厄運的後果和負責組織這項試驗的沉重負擔在歐本海默身上明顯地反映了出來。他看上去愁眉苦臉、心事重

重,脾氣變得暴躁,完全不像過去那樣待人彬彬有禮。

　　以前他還能抽空陪凱瑟琳騎馬到他所熟悉的山岡裡漫步,但最近幾個月完全不可能了。更加不巧的是,他偏偏在這個關頭害上了水痘,因此從春季以來他的體重減少了 13 公斤。他本來身體不算健壯,而現在體重僅有 52 公斤,對於一個身高 180 多公分的男人來說,這個重量簡直是輕得可憐了。

　　6 月初,在爆心點承建鐵塔的承包商來到現場,開始安裝約 33 公尺高的鋼架塔,在它頂部的小棚內將安放綽號叫「胖子」的鈽彈。鐵塔的高度是根據 5 月進行炸藥模擬試驗結果推算出來的,主要是為了減少放射性沉降物物的危害。

　　在模擬試驗的炸藥堆中放入了放射性物質,爆炸之後這些物質隨煙雲上升,經測量證明沒有造成有害的放射性沉降物物。但這一試驗結果還不能給出肯定的結論。

　　高空的氣流雖然把煙雲吹送到幾百公里之外,但據估計如果這次爆炸是一次真正的核爆炸的話,放射性灰塵仍將降落在距試驗場 60 多公里以外的卡里佐佐小鎮中。

　　預計「胖子」炸彈的爆炸威力比這次演習還要大許多倍,但如將炸彈安放在盡可能高的空中,就可以使致命的煙雲大大減小。然而,沒有人知道將來真正會發生什麼情況。影響沉降的因素是非常多的,如爆炸威力的大小。因為到目

前為止還只有非正式的猜測值，直至精確的氣象條件。只要有一股強風，或者出現了沙漠地區常見的所謂逆溫層現象，都有可能使放射性物質在離地面不高的空中被吹送到幾百公里的地區內。

蘭辛‧拉蒙特在他寫的《三一試驗日》一書中，曾經敘述當時的放射性監測負責人斯塔福德‧華倫和一位軍醫詹姆斯‧諾蘭大尉制訂了一項撤退計劃，並帶到橡樹嶺請求格羅夫斯批准。當時格羅夫斯並不認為放射性沉降物是一個值得優先考慮的問題，因此拒絕提供部隊的車輛供三一試驗場迅速撤退之用。

為了考慮參加試驗的科學家們從距離爆心僅僅 8 ～ 16 公里撤退的問題，班布里奇受命尋找由該高地逃生的幾條可能的路線。只有三條路可走：一條向南去的老路，一條向北去的新修柏油路，還有一條從群山間峽谷中繞行的崎嶇小道。此外別無他路。

到 6 月底，對制訂技術計劃的人員而言，壞運氣才出現了決定性的轉機。在「奧米加」實驗室進行臨界裝置試驗的弗里施研究組得到了確切的數據，這次所獲得的是鈈的臨界質量。理論部報告了完全實用的引爆器已製造成功，而承包電雷管的廠商報告說，他們已按新設計生產出可靠性比過去提高百倍的電雷管，這可能是最重要的進展了。

6月30日，歐本海默和負責監督內爆式原子彈試驗、被稱為「牧童委員會」的高級科學家小組，共同確定了試驗日期：7月16日清晨4點。

7月初，利奧‧西拉德進行最後一次努力，希望能改變局勢，他寫了一份請求書直接送交總統。這份請求書由67位科學家簽名，其中有些人是受良心譴責而這樣做的。請求書呼籲杜魯門總統不要在對日本提出適當警告而對方拒絕投降之前，就突然使用原子彈。

格羅夫斯對此作了巧妙的安排。他一方面允許這份請求書在一部分科學家之間傳看，並且在整個「曼哈頓計劃」範圍內使科學家感到並沒有人對這份請求書不滿意。另一方面，他安排了一條「特殊」的遞送路線，恰好使得請求書尚未到達華盛頓之前，杜魯門已離美赴波茲坦開會。因此，杜魯門從來沒有看到過這份請求書的內容。

## 試爆前一波三折

在三一試驗場上的鐵塔已經竣工。一架 B-29 轟炸機每天都在鐵塔上空作枯燥無味的飛行，以模擬它在試驗中的任務。由於對原子彈爆炸的威力尚無定論，因此它擔負的任務是試驗中最危險的一部分。

飛機預定在爆炸之前飛近鐵塔，投下一個模擬原子彈的

儀器後，然後俯衝並急轉彎飛離現場，以免被原子彈的衝擊波所吞沒。這種飛行就是將來在日本上空投擲原子彈的預演。

然而，在充滿熱情和最後衝刺的緊張心情之下，仍然隱藏著某種信心不足的情緒。這可以從當時流行的一些不吉利的幽默話中看出。

例如，在三一試驗之前幾星期中傳播的一首打油詩寫道：

> 儘管杜魯門的板斧高懸，
> 科學家也只得引頸受戮，
> 實驗室造出了一顆啞彈，
> 撲哧一聲成為舉世笑談！

在洛斯阿拉莫斯實驗室裡，科學家們的心情還可以從他們對三一試驗中原子彈威力打賭的情況看出來。打賭時的估計範圍從悲觀的估計一直到近乎吹牛不等。

愛德華·泰勒作了最大膽的估計：爆炸相當於 45,000 噸 TNT 炸藥的量。漢斯·貝特曾經提出過 5,000 噸的官方數字，現在給了一個更加樂觀的估計值 8,000 噸。喬治·基斯塔科夫斯基估計其威力只有 1,400 噸，而且認為這個數字可能還過於樂觀了。

其餘的科學家估計的威力更低，有一個乾脆說等於零。歐本海默也參加了打賭，他估計只有 300 噸 TNT 炸藥的威力。無論如何，作為一位應該在此刻鼓舞士氣的指揮員，對

前景作如此預測，實在不足以振奮士氣。對於歐本海默為什麼作出如此悲觀的估計，其動機可以從任意角度進行猜測。

格羅夫斯顯然已感到歐本海默身心交瘁的狀況，並為之十分擔憂。他一方面採取措施力求保護歐本海默的身心不致崩潰，另一方面也擬定了一張後補指揮員的名單，以便在萬一發生意外時有人接替他。

格羅夫斯認為，歐本海默目前最需要一位沒有捲入原子彈試驗工作的朋友比較鎮靜的友情。但他的弟弟法蘭克已經出發到三一試驗場擔任的助手，不能充當這一角色。

於是，格羅夫斯在試驗的前幾天邀請正在東部從事雷達研究的伊西多·拉比飛到洛斯阿拉莫斯。歐本海默與拉比自從在萊頓上學以來，已經是 15 年以上的密友了。據拉比回憶：

> 我是少數幾個能夠向他直言不諱的朋友之一。我並不崇拜他，但他知道我心裡喜歡他，而且我尊重他的權威。他明白我總是真誠地回答他的問題。

拉比在 7 月初來到三一試驗場。他頭戴禮帽，身著黑色外衣，手提雨傘 —— 這種不協調的打扮似乎給人一種自信的感覺。

7 月 5 日，歐本海默對於進度感到信心十足，因此發電報邀請勞倫斯和康普頓分別從伯克利和芝加哥來三一試驗場。電文如下：

> 15 日後宜作垂釣旅行。但可能因天氣變化稍延數
> 日。鑑於睡袋不足，請勿偕他人前來。

幾天之後，在洛斯阿拉莫斯用模擬彈開始進行了一系列的試驗，每一次試驗都是幾天後在三一試驗場進行的真原子彈試驗的預演，以便從中發現問題。包括將它裝在車上駛過鋪上碎石塊的道路，以模擬運往三一試驗場時顛簸的路況。

7 月 11 日晚，歐本海默在辦公室取了兩份文件，就回到家中與家人告別。凱瑟琳從花園裡找到一朵四瓣的苜蓿花，送給歐本海默作為吉祥物。

他們定了一句暗語，約定在試驗成功後，由歐本海默打電話回家說：「請換一條床單。」

第二天，星期四凌晨 3 點，菲利普‧莫里森由一名警衛和一名輻射劑量員陪同，從「奧米加」實驗室的地下倉庫內取出鈽彈芯。彈芯分為若干塊，每塊都不到臨界質量，分別裝入兩個特製的手提箱內，開始運往三一試驗場。

莫里森回憶道：

> 每個手提箱都設計成為能防腐蝕、防漏水、防過熱以及防止一切能夠預想到的意外事故。
>
> 我們認為在沙漠中進行的這次試驗僅僅是將來在太平洋地區使用原子彈的一次實彈演習。但我們非常擔心在運輸過程中發生車禍。

莫里森坐在羅伯特‧巴徹小轎車的後座上，把兩個小手提箱放在他的身旁。在前後各有一輛警衛車護送下，他們向阿拉莫戈多進發。

「我記得當我們穿過聖塔菲時，正當深夜，全鎮一片沉靜。我不禁想到這次旅行是多麼不同尋常：在一輛普通的小轎車裡，所運送的竟是世界上第一顆原子彈的彈芯！」

在同一天傍晚，這個不引人注目的小車隊駛離塵土飛揚的道路，停在原牧場主人麥克唐納遺留下的畜牧房旁。其中有一間房屋已改造成為原子彈的裝配間，莫里森把這個價值連城的貨物放下，準備次日早晨進行彈芯裝配。

在當天半夜，有一個更大的車隊準備離開洛斯阿拉莫斯駛往三一試驗場。其中有一輛卡車裝載著彈芯周圍的炸藥裝置，大家都把它稱為「新玩意」。

基斯塔科夫斯基回憶道：「出於安全的原因，我們在夜間運輸。但我起了一個奇怪的念頭，決定在午夜過後 10 分鐘啟程，因為這一天正好是一個不吉利的 13 號，星期五。」

一名押運這個「新玩意」的特種工程支隊的士兵里奧‧傑西諾維克回憶：

> 我們由一大隊保安部隊護送，在卡車前後都布滿了憲兵。我原來以為這種貨物應該在寂靜的夜裡祕密地運輸，但不知什麼緣故，每當我們穿過村鎮時，他們都要拉響警報器並打開紅色閃光燈，喧囂過市。

他們這樣做的目的可能是想要趕走擋住車隊去路的醉漢司機，這一目的是達到了，然而卻驚醒了沿途的一大半居民。

然而，當他們經過長途跋涉到達營地時，人們卻以出乎意外的冷淡態度迎接基斯塔科夫斯基。

他回憶當時的情景說：「我發現總部陷於一片騷亂之中。可憐的唐‧霍尼格告訴我，由於一個包含點火機構的零件在使用之後損壞了，歐本海默和格羅夫斯把他質問了整整一夜。我立即去見他們，歐本海默神情十分緊張，劈頭蓋臉地大罵了我們一頓。」

「於是霍尼格和我把零件拆開，發現原來他們試驗的次數太多，以致有幾處焊點因發熱熔化而斷開了。歸根結底，這個部件原來是根據裝進原子彈只用一次的要求設計的，而他們至少試用了幾百次！這樣，損壞的原因弄清後，謝天謝地，一場小小的風波總算過去了。」

與此同時，麥克唐納牧場正在舉行一次不尋常的小儀式。羅伯特‧巴徹作為加州大學的代表，正式將原子彈的彈芯，即相當於 20 億美元的帳單，移交給格羅夫斯將軍的助手托馬斯‧法雷爾將軍。

法雷爾將軍在文件上簽字之前，半開玩笑地對向巴徹說能不能讓他看看他所買到的價值連城的貨物究竟是什麼模樣。他們給將軍帶上一副橡皮手套，把箱子打開給他看了彈芯。他用手摸了摸光滑的表面，感到似乎有點燙手。

上午 9 點，開始裝配原子彈芯。這一組共 8 名科學家圍住一張桌子，俯視著桌子上擺著的鈈塊。

一位加拿大的科學家路易斯・斯洛廷坐在桌旁，他曾經在臨界裝置上進行過多次最危險的試驗，現在正全神貫注地把這些鈈塊拉到一起，一直到接近臨界的位置上為止。

室內氣氛極其緊張。只要有一點疏忽，哪怕是瞬時達到臨界，不僅會使這顆彈芯無法再使用，也將使整個裝配小組的成員受到過量輻射而注定會慢慢地死去。

歐本海默親臨現場觀看，但在此情況下他已全然無法干預。就像劇場的帷幕剛要升起之前，導演對演員的演技已無能為力一樣。但巴徹感到歐本海默的緊張情緒會影響到所有在場的人，因此要求他離開現場，以便裝配工作順利進行。

在鐵塔底下，基斯塔科夫斯基和他的小組花了一整天時間將「新玩意」裝好，以備把彈芯插入。

15 點 18 分，他打電話給麥克唐納牧場，通知說已經可以將彈芯裝入「新玩意」了。於是人們又把彈芯放上擔架，抬出裝配間等候轎車。這次仍然由巴徹開車將彈芯送到鐵塔下面。

為了防止風沙，在鐵塔下搭了一座臨時帳篷。當科學家們進入帳篷工作時，與帳篷外沙漠中耀眼的陽光與酷熱的氣候相比，感到分外陰涼，就好像走進教堂一樣。

在黯淡的光線下，他們將彈芯裝在一具手動吊車上，吊到炸藥裝置的正上方，再慢慢地向下放。

在緊張的氣氛中，計數器滴答作響，除了偶爾聽到一兩句命令外，其餘時間鴉雀無聲。彈芯的幾塊亞臨界部件相隔如此之近，只要輕輕一碰就會引起鏈式裂變反應。

這時歐本海默又來到現場，觀看操作人員將彈芯裝入彈體。當彈芯下降到彈體的中心位置時，計數器的響聲大作。這時裝配暫停，對中子計數的增長率進行核算後，再繼續進行裝配。

從這天下午開始，風力逐漸加大，把帳篷吹得嘩嘩作響，並且隨時有可能吹破薄薄的密閉門，把沙土刮進來。正當緊張的時刻，彈芯忽然在下滑途中被卡住了，有人輕輕地咒罵了一句。一時間誰也不明白到底發生了什麼意外。

羅伯特・巴徹回憶道：

> 我們曾用彈芯模型試裝過，因此認為鈽彈芯應該能裝得進去，後來我們才明白過來，原來現在裝的真鈽彈芯自己會不斷地發熱，以致溫度升高，發生膨脹。
>
> 所以，我們決定等候一段時間，看看彈芯和外面的部件是否會達到溫度平衡。

在緊張的等待中，時間一分一秒地流逝。歐本海默叼著菸斗，在帳篷外轉來轉去。然後，試裝重新開始，這次終於

一裝到底，沒有再遇到阻礙。這個難關總算渡過了。到晚上22點，整個原子彈已安裝完畢，放在被風吹得嘩嘩作響的帳篷內等候天明。

現在，天氣又變成令人焦慮了。經過接連幾個月的悶熱，天氣開始變化，根據預報將有多次風暴來臨。

以傑克‧哈伯德為首的氣象小組，其中包括有盟軍在歐洲登陸時的氣象組長在內，現在被當做「先知」，人們都焦急地等候著他們發出最新的氣象預報。

7月14日星期六早晨，暴雨覆蓋了試驗場所在的整個地區，而據傑克‧哈伯德預告這場風暴至少將持續兩天之久。

在同一天早晨，歐本海默接到由洛斯阿拉莫斯來的電話，向他報告說，在模擬臺架上先行試爆的三一炸彈模型已證明是失敗了。報告稱，這個炸藥裝置沒有能產生一個球形對稱的衝擊波，而是產生了一堆亂七八糟的波形。

洛斯阿拉莫斯實驗小組告訴歐本海默，據他們看來，這種結構的原子彈不可能成功。歐本海默經過幾星期的精神緊張和前幾天的焦急與挫折，現在又聽到這種消息，已經不能控制自己了。基斯塔科夫斯基再度成為他的攻擊目標。

這一次他譴責我要對整個計劃的失敗負責，而且說我是使歐本海默和他的上級陷入困境的罪魁禍首。我剛只說了一句我不相信試驗結果是正確的，話音未落，甚至連我的好朋

友羅伯特‧巴徹也指責起我來了。

「歐本海默非常惱怒,抱著絕望的神情走來走去。這時我向他說,『歐比,我用我一個月的薪水賭你 10 美元,保證原子彈能行!』歐本海默接受了這個賭注,然後我就走開了。我簡直無法忍受,於是一個人漫無目標地向沙漠中走去。」

那天早晨稍晚些時候,基斯塔科夫斯基回來了,他幫助別人把原子彈慢慢地吊到鐵塔頂上去了。漢斯‧貝特仍然留在洛斯阿拉莫斯,出於他為人可靠,因此命令他詳細檢查模擬彈的試驗情況,並儘快向歐本海默報告結果。

當這枚價值 20 億美元的原子彈緩緩吊離地面時,人們只採用了最普通的保險措施。在三一試驗場工作的特種工程支隊的里奧‧傑西諾維克回憶當時的情景:「我們訂購了一大批床墊,足足裝了好幾卡車。當原子彈吊到一定高度之後,我們就停下來,把床墊鋪在炸彈下面,差不多足足堆了 20 公尺厚。這樣,萬一炸彈掉下來,至少可以讓它落在軟綿綿的床墊上。」

把原子彈從地面吊到塔頂足足花費了兩小時。當時風很大,炸彈在塔裡搖晃,人們非常害怕炸彈被卡在鐵塔的邊上。吊車慢慢地把原子彈往上吊,鋼絲繩則卡在滾輪上沿著鐵塔外側的導軌上下滑動。

突然有一對滾輪脫軌從塔側落下,吊車搖晃著停止了轉

動。每個人都嚇得不敢呼吸 —— 眼看原子彈在鐵塔內部的狹小空間蕩來蕩去，幸好沒有碰壞。

最後，只好由傑西諾維克和另一名特種工程兵爬到塔頂上，打開小屋的地板門，把原子彈慢慢地引導到離地面100公尺的鐵皮小屋內的預定位置上。

在這個星期六的夜間，歐本海默睡得很少。他用了一部分時間分析幾次試驗失敗的原因，但直到他最後回到營地茅屋的臥室後，他仍然不能入睡。

托馬斯·法雷爾當時住在歐本海默隔壁，聽見他在床上翻來覆去，連聲咳嗽，簡直好像在生一場大病似的。

星期日清晨，由洛斯阿拉莫斯打來了電話，歐本海默親自接了這電話，是漢斯·貝特打來的。他已經校核了在模擬臺架上爆炸試驗的結果，發現這些結果毫無意義。

由於試驗的設計錯誤，所測量到的數據只不過是附帶的效應，並不反映內爆的效果。因此，雖然他不能證明這次試驗完全成功，至少已能向歐本海默保證這並非是一次失敗。

這一消息使歐本海默大為高興，他急忙吃完早餐，立即動身到鐵塔下面。今天的任務是反覆檢查分布在爆心點周圍沙漠中各地點的記錄儀器、電子設備和無數的試驗裝置。

清晨的天氣還好，但後來天空卻開始烏雲密布。下午，雷聲陣陣傳來。氣象人員緊急地向天空放出氣球，希望能弄清氣候變化的趨勢。

16 點左右，歐本海默最後一次來到鐵塔上巡視。烏雲在天空中翻滾飛馳，預示著暴風雨即將來臨。他爬上塔頂，站在他從實驗室裡創造出的寶貝旁邊。

這件寶貝其貌不揚，使人難以看出其中隱藏著如此精湛的技術奇蹟。它看上去很像一顆水雷，在表面上布滿電線，把 64 枚雷管連接到點火裝置上。

歐本海默一人獨自站立在離地 100 公尺高的塔頂，在被風吹得嘩嘩作響的鐵皮屋頂下，傾聽著遠處的雷鳴，細心地查看這第一顆原子彈。

當天傍晚，格羅夫斯將軍也來到了營地，他立即讓氣象人員給出精確的預報。現在離試驗時間只有 7 個小時了，但天氣越來越壞。接著就開始下雨了，閃電劃破夜空。大雨不僅可能使複雜的電路受潮而短路，而且有造成放射性沉降物的危險。

在新墨西哥州南部各地都駐有科學人員準備監測放射性沉降物水平，萬一發現放射性超過危險劑量，許多憲兵隊隨時可以協助居民撤離。在此刻正有一個這樣的小組在離爆心最近的索科羅小鎮上坐在汽車內待命。

但沒有人真正知道，如果發生了最壞情況，依靠這樣少數幾個人怎樣能完成撤退 4,000 居民的任務。在離開阿拉莫戈多約 300 英里外的得德克薩斯的阿馬里洛市有 70,000 人口，卻沒有任何在意外情況下撤退居民的措施。然而，在當時那種天

氣條件下，這個城市非常有可能受到放射性物質的汙染。

　　歐本海默和格羅夫斯共同與氣象人員討論了天氣變化的前景。最後，他們一致同意，目前還無法作出結論，並且商定到午夜再見面。

　　格羅夫斯回去睡了一個好覺。歐本海默則坐在那裡，抽菸，咳嗽，竭力想讀點東西。

　　當晚，班布里奇又聽到一種謠言，它像野火一樣傳遍營地。據說有人聽見某些高級科學家預言原子彈會把大氣層點燃。人們還聽到他們估計這種燃燒反應進行的速度和波及的範圍，並且說他們還打賭，究竟大氣層被點燃後會毀滅全人類，還是只毀滅新墨西哥州的居民。

　　班布里奇對此大為震怒，他立即報告給歐本海默，兩人討論了當前的形勢。顯然，這一批試驗人員已經到了心力交瘁，瀕臨崩潰的邊緣，因此兩人一致認為試驗不能再延期。為了制止這種無故的驚慌的情緒蔓延，也成了不惜一切代價如期進行試驗的一個理由。

　　同一天，杜魯門與邱吉爾到達德國的柏林出席波茲坦會議。史達林住在離他們 1 英里以外的地方，也在這座被炸彈夷平的城市中作會議準備。

　　杜魯門當時幾乎想依靠原子彈試驗的成功來加強他的談判地位。對於他來說，也要求如期進行原子彈試驗。

　　當天午夜，格羅夫斯與歐本海默又開會討論試驗是否需要延期。這時還在繼續下雨，鐵塔籠罩在濃霧之中，而且有預報說一場風暴正在迫近試驗場地。

　　傑克·哈伯德在當天早些時候曾經預報說天氣會及時轉晴，現在看來這個預報似乎愚蠢得可笑。當這種前後矛盾的預報傳到格羅夫斯耳中後，他在會議上決定由自己來掌握試驗的命運。

　　格羅夫斯寫道：「出於氣象人員被長期天氣預測的失敗弄得狼狽不堪，我只好免去他們的這種義務。在這之後我自己必須擔當起天氣預測的責任，這是我並不擅長的一個新領域。」

　　這樣的決定不僅關係到原子彈試驗的成敗，而且可能影響周圍許多城鎮居民的生命。因此，雖然歐本海默同意格羅夫斯把作決定的時間再推遲一兩小時，但他仍繼續與哈伯德保持聯絡。

　　格羅夫斯儘管睡了幾個小時覺，但現在依然顯得很緊張。他忽然認為鐵塔的安全沒有保證。

　　基斯塔科夫斯基對這一點解釋說：「當時把原子彈裝好後，警衛就撤離了，為的是萬一發生什麼意外事件，可以避免引起傷亡，如說鐵塔受到雷擊等。但在 2 公里以外則仍然設有崗哨。格羅夫斯忽然產生了一個奇怪的念頭，就是破壞

者，比如日本人，會從天空乘降落傘來進行破壞。我認為這
完全是神經過敏，但他堅持要在鐵塔上面設置崗哨。」

因此，基斯塔科夫斯基只好與幾位科學家以及一些神經
緊張的軍人拿著手電筒和機關槍，到鐵塔腳下宿營去守候一
個根本不會降臨的假想的敵人。

格羅夫斯派出了這批警衛之後，又到別處去尋找漏洞。
他忽然把注意轉到歐本海默身上。

這時歐本海默正在營地食堂與科學家們聊天，喝咖啡，
菸一支接一支抽。他與拉比談話，看來恢復了信心，但費米
走進來向他報告令人吃驚的放射性沉降物預測結果。費米發
現，如果風向急轉再加上暴雨，就可能使試驗場本身受到嚴
重的放射性汙染，因此他想說服歐本海默把試驗延期。

據格羅夫斯觀察，歐本海默聽到他所尊重的科學家們的
各種預測後，心情愈來越激動，思緒越來越混亂。因此，格
羅夫斯出面干預這件事，並建議歐本海默離開這裡，陪他一
造成離爆炸中心很近的一個坑道去觀察。有些偏愛歐本海默
的科學家出來阻撓，說歐本海默不應該親自在那樣近距離觀
看原子彈爆炸，但格羅夫斯堅持要這樣做，於是兩人一道在
黑夜中驅車駛向那個坑道。

當時在坑道中的另一位特種工程兵狄克·瓦特回憶道：
「在坑道四周布滿水坑。我記得看見他們一腳高一腳低地避

著水坑走路，熱烈地交談……希望能作出決定，到底要不要和應不應該把原子彈引爆。」

歐本海默收到了哈伯德的最新氣象預報 —— 他們預計黎明前風暴會暫停，在 20,000 公尺高空風向會轉為東北風，正好把放射性沉降物帶到三一試驗場周圍人口最稀少的地區去。

但這份預報送到沒多久，鐵塔本身就遭到暴風雨的猛烈襲擊。狂風捲著大雨四面撲來，到處電閃雷鳴。但好在落雷的地點離開鐵塔還有好幾英里。守衛原子彈的科學家們計算著雷聲與閃電相隔的時間，用以推算雷擊地點。顯然，雷電越來越近了。

現在離天亮只有 3 個小時了。原子彈試驗需要在黑暗中進行，以便於觀察。因此，格羅夫斯與歐本海默只剩下唯一的選擇 —— 就是把試驗時間推遲到清晨 5 點 30 分，希望到那時暴風雨會停歇。如果風雨不停，那麼天亮之後就無法試驗，只好把日期往後推。

# 原子彈首爆成功

7月16日清晨4點，雨終於停了。風也轉向，朝西南方吹，與市鎮反方向。氣象組的哈伯德又等了45分鐘才送出他的最後報告：「地面平靜。風速隨高度漸增，直到40,000公尺處風速最大。未來兩小時內情況基本不變。雲層已開始消散，變為多雲氣候。」

這份報告送交歐本海默，他同意報告內容。經過商量，原子彈試驗最後定在清晨5點30分進行。

在鐵塔下守衛的試裝部隊中，有一位年輕科學家喬·麥克說：「我做了一個夢，看見基斯塔科夫斯基拿起一個消防水帶往原子彈上澆水，這時我醒了，發現原來是鐵塔上有水滴落到我臉上，而肯尼斯·班布里奇（Kenneth Tompkins Bainbridge）正俯身在看我。」

當最後決定進行試驗時，班布里奇正在鐵塔頂上。這時整個武裝部隊，包括基斯塔科夫斯基在內，都最後由鐵塔撤離。在離開之前把所有的開關都合上。

班布里奇回憶說：

> 當我合上最後一個開關時，我的神經非常緊張。因為這個開關接通了向點火機構供電的電源，合上之後就可以由坑道直接引爆原子彈。因此，如果有人回到了塔底下並發生一點什麼差錯，其後果就不堪設想了。

基斯塔科夫斯基等人都坐我的汽車最後撤離鐵塔。我拚命加速，好像是在逃命。但由於道路太壞，車速很難超過 35 英里至 40 英里。

不直接參加試驗的科學家們以及貴賓和其他參觀人員，都聚集在試驗場西北 20 英里以外的一個安全場所，那就是康帕尼亞山上，觀看這次試驗。每個人都發了一副焊工眼鏡，可以透過它的黑玻璃觀看爆炸情景。

愛德華‧泰勒（Edward Teller）甚至還帶了棕色護膚膏，以便塗上防止爆炸時的紫外線灼傷。清晨 5 點 10 分，在沙漠中各處設置的擴音器響起了山姆‧艾利森博士的聲音：「現在還差 20 分」。

警衛鐵塔的武裝部隊進了坑道，看到裡面擠滿了物理學家和軍人，還有一兩名神經科醫生，歐本海默也在其中。他瞥了麥克一眼，看出後者還算鎮靜，就走到別處去了。麥克是最後離開鐵塔的人之一，他接受命令引爆第一枚原子彈。

在此後幾分鐘內，繼續進行倒數計時，歐本海默獨自一人在坑道內外走進走出，顯得緊張與孤僻。有一位坐在麥克旁邊的科學家，負責管理一個緊急按鈕，一旦麥克的控制臺上發生了什麼故障，他可以隨時中斷試驗。

這位科學家看到歐本海默過分緊張，想開一個小小的玩笑讓他輕鬆一下。

他說：「歐比，我想很可能在 0 點差 5 秒時，我把開關一

拉，然後向大家宣布：先生們，試驗不成了，都回去休息吧！你看會這樣嗎？」

歐本海默並沒有被他的詼諧逗樂，反而冷冷地回答說，「你神經沒有毛病吧？」

倒數計時繼續進行。營地上的警報器拉響，人們都掩蔽到附近的壕溝之中。

「差 1 分，差 50 秒，」倒數計時的報時聲在沙漠營地周圍發出迴響。在揚聲器中夾雜著美國之音播送的音樂，因為兩者頻率碰巧相同。當時廣播電臺正在播送柴可夫斯基的提琴小夜曲。

在差 45 秒時，麥克合上了開關，投入自動定時操作。班布里奇說，「從原子彈爆炸前 20 秒鐘開始，我完全清楚將要發生的全部過程，因為這些已經事先在儀表系統中設計好了。」

在起爆前 10 秒鐘，麥克合上了最後一個手動開關。

最後倒數幾秒，歐本海默更加緊張，整個人似乎為這項偉大的科學成就付出的努力所榨乾。

在場的人描述當時的情況道：「他幾乎是屏息以待，從頭到尾保持一個姿勢來穩住自己。」

而基斯塔科夫斯基衝出掩體，站在坑道頂上。「10……9……8……7……」

　　艾利森在倒數計時內忽然想到原子彈爆炸可能產生像閃電一樣的效應，因而他手中抓住的話筒有使他觸電的危險。因此，在計數報到差 1 秒鐘時，他扔下了話筒然後竭盡全力地高呼：「零！」

　　第一枚原子彈爆炸了。

　　奧托‧弗里施（Otto Frisch）這樣地描寫當時的壯觀景象：

> 　　這時，萬籟俱寂，忽然出現一片耀眼的強烈光，或者說是像太陽一樣的強光。這是一股熾熱的、無定形的白光，把沙漠邊際的小沙丘照得錚亮，彷彿要將它們全部融化。
>
> 　　正好幾秒鐘之內，光線的亮度沒有變化，然後開始減弱。這時我才轉過身去，想看看這個小太陽似的火球究竟是什麼模樣，但它的光度仍然太強，不可能正視。
>
> 　　我瞇著眼睛，想看個清楚，大約又過了 10 秒左右，火球開始膨脹，同時亮度減弱，這時看起來好像用石油燃起的一片大火，其形狀猶如一個大草莓。
>
> 　　火球由地面緩緩上升，下面連著一個急遽旋轉著的、由塵土構成的長尾巴。我當時想到一個不恰當的比喻，這像一隻燒得通紅的大象用它的鼻子撐著倒立在地面上。
>
> 　　然後，當灼熱的煙雲逐漸冷卻而且紅光減弱之後，可以看到在它四周有一圈藍光環繞，這是由離子

化空氣產生的光芒……這真是無比壯觀的景象，任何親眼見過原子彈爆炸的人，對此都將終生難忘。

　　所有這一切都在一片寧靜中出現，直到幾分鐘之後，才傳來了一聲巨響，我趕緊堵住自己的耳朵，但聲音仍然震耳欲聾。接著是一片「隆隆」的轟鳴，就像遠處有貨運列車開過的那樣。到現在我耳邊彷彿還能聽見這種響聲。

菲利普‧莫里森位於離爆炸中心約16公里處，他說：「雖然還是夜晚，你卻感到彷彿白晝突然來臨，就像在午夜中出現在沙漠中的太陽，使你感到臉上灼熱。」

在坑道內，人們可以看到由背向爆心的出口處閃進一股強烈的白光，從而知道原子彈已經爆炸。幾分鐘之內仍然是一片寂靜，隨後傳來了雷鳴般的巨響。

歐本海默回憶道：「有幾個人笑了，有幾個人卻哭了，大多數人驚呆了，一聲不響。我心中浮上了古印度詩聖《博伽梵歌》（Bhagavad Gītā）中克里希那試圖說服王子執行他使命的一句話：『我成了死神，世界的毀滅者。』」

當歐本海默走出坑道來觀看巨大的火球上升時，人們紛紛向他祝賀。基斯塔科夫斯基激動地拍著他的肩膀說：「歐比，我贏了。」

歐本海默正處於激動的情緒中，他什麼話也沒說，強壓住心中的激動，真的不知道說什麼好。

在這之後，肯尼斯‧班布里奇內心充滿著成功的喜悅，他鄭重地、自信地找到歐本海默，握住他的手說：「歐比，現在我們將永世被人詛咒了。」

在營地上，恩里科‧費米（Enrico Fermi）在見到閃光之後而衝擊波尚未來到之前，自己設計了一個簡單的實驗。

他手上抓住幾張小紙片，當衝擊波侵襲營地時，他撒下手中的紙片。由紙片被衝擊波帶走的距離，他可以估算原子彈的威力相當於 20,000 噸 TNT 炸藥。他這個估計值的準確程度著實令人驚訝。

伊西多‧拉比（Isidor Isaac Rabi）也在營地，他從他自己身上觀察到某些現象。在一分鐘之後，他的手背上都起了雞皮疙瘩。

「當時我有一種說不出的感覺，是一種可怕的、不祥的、令人倒楣的預兆。直到現在我也忘不了這種憎惡心情。」

稍晚一些，當天亮時，拉比看見歐本海默剛從觀察坑道回到營地。在微光中歐本海默茫然移步，完全像一個沉思中的陌生人。他的舉止使拉比回想起那不祥的雞皮疙瘩。

「我永遠忘不了他走路的樣子，」拉比回憶道，「我也永遠忘不了他剛下汽車時顯露出的那種神情。」

# 兩次轟炸日本重鎮

1945 年 7 月 16 日，三一基地的「胖子」（Fat Man）炸彈試爆成功後幾小時，「小男孩」（Little Boy）炸彈的元件，也被送上停泊在舊金山灣的「印第安納波利斯號」戰艦上。

當晚，戰艦就駛向美國最前線的空軍基地天寧島。自 1945 年初以來，此地停駐的轟炸機都以傳統炸藥對日本城市進行轟炸。

7 月 16 日～ 21 日之間，杜魯門總統連續不斷地收到原子彈試驗成功的報告，一份比一份更詳細地描述了這一驚天動地的事件。然後，在 7 月 21 日，格羅夫斯的詳細報告的全文送到波茲坦，它不僅使杜魯門也使邱吉爾感到吃驚。

到 8 月初，「小男孩」炸彈的其他部分，連同「胖子」的第一批元件，也由空軍運輸機自新墨西哥州送達天寧島，許多科學家在那裡把兩枚原子彈的部件最後裝配好。

之後，「小男孩」炸彈被裝置於特別改良的 B-29 轟炸機上，準備轟炸日本的廣島，這是一個被「過渡委員會」的目標小組所選中的不幸城市。

就某些方面來看，廣島算得上是個軍事目標，日本第二軍團總部就設在此地，第二軍團是領導抵抗美國入侵軍隊的兵團，另外還有一些相當大的軍用品補給站也位於廣島。

1945 年 8 月 6 日天未亮時，一架 B-29 轟炸機由天寧島

空軍基地起飛,這架由飛行員命名為「艾諾拉‧蓋」的轟炸機,攜帶被稱為「小男孩」的鈾彈,在轟鳴聲中向廣島方向飛去。

廣島,一個位於大田河口的城市。此時的廣島人口已由戰爭前的 40 萬人減少至 30 萬人,大部分是平民。

1945 年,大規模的轟炸已經使東京以及其他許多日本城市遭到嚴重破壞。廣島當局已料到轟炸遲早會到來,因此已要求部分居民做疏散工作,但很奇怪到目前為止一切仍然很平靜。

其實,當天早晨 7 點,廣島響起了空襲警報。這是該地在幾小時內的第三次空襲警報。

不久之後在日本南部發現一架孤獨的氣象偵察機,它向廣島迫近。然而,這架飛機很快就飛走了,因此廣島就在 7 點 30 分解除警報,全城立即進入上班前的擁擠狀態。

在 8 點後不久,防空監視哨發現另外有一架 B-29 接近廣島,但並未再發空襲警報。他們僅僅在無線電中宣布有敵機到來,並命令居民在敵機飛臨城市上空時臨時掩蔽,同時還比較有把握地廣播說,這些飛機似乎只是執行偵察任務。許多居民繼續上班,相信被轟炸的危險期已經度過,沒有人想到會有一場空前的災難降臨到頭上。

「艾諾拉‧蓋」號轟炸機的飛行員們,已研究廣島地圖好多天了,所以駕駛員知道要將原子彈投到哪一個目標點。

一架 B-29 轟炸機並未在廣島市引起太大的恐慌。轟炸機飛到市郊後,就傾斜飛入市區方向,當飛機飛過大田河上的相生橋後,就由機艙內丟下一枚炸彈。

在丟下「小男孩」炸彈後,轟炸機減輕很多重量,立刻加足馬力向上沖,盡速拉開飛機與市中心的距離。大約 1 分鐘後,這枚「小東西」就爆炸了!

幾分鐘後一道刺眼的強光由廣島市中心迸出,兩道強烈的震波搖撼著「艾諾拉·蓋」號轟炸機。緊接著在幾秒鐘後,飛機受到兩次衝擊波的劇烈震盪。然而飛機平安無事,朝著天寧島返航。

當強光散開形成一朵蘑菇雲時,機組人員好奇地回頭看廣島市變成什麼模樣。

其中一位回憶道:「我相信,大概沒有人會想到結果會是這種光景。兩分鐘前,我們還可以很清楚地看見整座城市,但現在我們卻什麼也看不清了。只見濃煙和大火由山邊往上蔓延開來。」

在投彈 15 分鐘後,飛機上的帕森斯上校發回如下的電報:

> 結果完滿。據觀察,效果優於三一試驗。各方面均成功。投彈後飛機一切情況正常。

雖然機組人員可以看到巨大的火球上升並翻騰數分鐘之

久，最後形成一團高達 30,000 公尺的蘑菇雲，但他們對於在這片烏雲之下所籠罩的驚人恐怖景象卻難以想像。

由廣島倖存者們的第一手描述中，可以使我們看到當時居民身心兩方面都受到多麼強烈的衝擊，他們簡直無法想像落在他們頭上的武器具有多麼大的毀滅力量。下面是一些倖存者的追述：

「哦！剎那間，我覺得背後似乎遭到巨大的重擊，之後又被丟入滾燙的熱油中……我好像被向北丟得好遠，接下來我只覺得天旋地轉，再也無法分辨方向了！」

另一位目擊者回憶當時的慘狀道：「當時我清楚地聽到身後樹旁一個女孩微弱的叫聲，她直喊：『請救我啊！』那個女孩的背已嚴重燒傷，皮膚被掀起，懸在臀部上。」

「周圍一下子變得天昏地暗……然後，我心裡只想到，『世界末日到了！』」

「到處橫七豎八地躺著死屍。我在地板上連下腳的地方都沒有。當時我想像不出是什麼力量在一瞬間奪去了這樣多的生命……到處都沒有燈光，我們像夢遊一樣地走動……」

「我立刻想到這正像我從書本上讀到過的地獄景象。我從來沒有看到過這樣恐怖的情況，但我想世上如果真有地獄的話，那就是在這裡！」

這場強烈的爆炸幾乎把整個廣島市掀了起來，立刻摧毀70,000 座占廣島市 90% 的地面建築物，其中 45,000 座全毀。

一瞬間的熱度，高達攝氏 1,600 度，持續了 10～15 秒鐘，將相生橋方圓 2,000 公尺內的人，全烤成了肉球。爆炸當場死亡，再加上接下來幾天內的死亡總人數高達 10 萬人。再接下來的 5 年內，還有 10 萬人死於與輻射汙染相關的疾病。

轟炸廣島的消息傳回美國，給人一種混雜著解脫、驕傲、高興、震盪及悲傷的感覺。

幾個月前，在洛斯阿拉莫斯進行「牛刀小試」實驗的年輕科學家奧托・弗里施回憶道：「大約在三一基地試爆後 3 個星期，有一天，實驗室裡突然有一陣騷動，急快的腳步聲中夾雜著喊叫聲。有人推開我的研究室門，大叫著：『廣島被炸毀了！』當時我看到很多同事急忙打電話到聖塔菲市的拉方達飯店去訂位，準備大肆慶祝一番，我心中不自覺地湧起一股不安，甚至十分反胃！」

在洛斯阿拉莫斯，為製造原子彈最為盡力的歐本海默在當天接到電報後，立即召集實驗室的所有人員，正式宣布這個消息。

根據在場同事描述，歐本海默在眾人歡呼聲中「進入了大廳，到處是歡呼聲和掌聲，他以優勝者的方式致意。他們兩手握起，高興地舉過頭，一直到他來到中間位置。」

就在這一刻，他嘗到了權力的滋味，昂然自得，但他是個很複雜的人，不被成功及勝利輕易地沖昏頭。

從他最喜愛的物理，他創造了一個武器怪物。不久之後，他付出的努力，竟反過來讓他遭受一輩子良心上的譴責！

儘管廣島的損失慘重，但日本的最高指揮部仍不允許裕仁天皇輕言投降。結果，迫使美國空軍在 8 月 9 日中午 12 點在長崎市區投下第二顆原子彈。

這是一枚與三一試驗場上試驗完全一樣的內爆式原子彈。人們叫它「胖子」。這枚炸彈原定的目標是小倉，如果不是由於小倉當天低雲多霧，則長崎本來可以倖免於難。

這個南部的城市和廣島一樣，被炸得滿目瘡痍，雖然所遭受的破壞比廣島要小，但仍然造成了 10 萬餘人死亡或殘廢。在原子彈爆炸 12 小時之後，長崎市仍然在一片火海之中，從 200 英里之外的飛機上也清晰可見。

這次的長崎轟炸後，裕仁天皇不得不在 5 天後透過廣播向全日本人民講話。這位深居東京皇宮的天皇，平日的一舉一動都如同謎一般，他的聲音根本不是一般日本百姓聽得到的。裕仁天皇以細弱的聲音念出先前準備好的投降講稿。

## 退出原子彈研究

　　1945 年 8 月 14 日，日本投降日，正像世界各地一樣，洛斯阿拉莫斯實驗室也以最大的熱情來舉行慶祝活動，汽笛與電氣喇叭齊鳴，在實驗室的各處都舉行慶祝會。

　　喬治·基斯塔科夫斯基喝得酩酊大醉，但仍然被說服去做一件特殊的事情：「舉行盛大的群眾集會時要求鳴放 21 響禮炮。我們沒有任何大砲，因此叫我帶了一名年輕助手開車到倉庫取出 21 箱混合 TNT 炸藥，每箱 50 磅，並將它們排列在開闊地帶上進行引爆，代替禮炮。這真是異常壯觀。但我回到慶祝會場時，別人跟我說，我只點響了 20 響！」

　　杜魯門總統本人也在公開場合盛讚這個實驗室說：「他們所完成的創舉是一項歷史上前所未有最大規模的科學奇蹟。這個奇蹟是在戰爭的重擔下實現的，而且一次成功。美國在這個史無前例的最大科學冒險事業中，投進了 20 億美元──但我們最後勝利了！」

　　有一些科學家榮獲了獎章與嘉獎令，而且現在用不著再保密了，這些在戰時被親友們懷疑為逃避戰爭義務的人，現在被看做是英雄。

　　但在那個慶賀勝利的夜晚，已經有人開始感到他們所慶祝的只是一場虛假的勝利。在洛斯阿拉莫斯工作的科學家們許多年來一直全神貫注於攻克技術難關，很少有時間思考他

們行動的後果。

慶祝會標誌著他們這項重大任務業已勝利完成，他們的思緒由任務的壓力下解放出來，立即發現他們所做的是如何可怕的一種罪孽。

就在當天晚上，歐本海默從慶祝會場出來，就碰到一位年輕的科學家，臉色鐵青，向著灌木叢中嘔吐。

歐本海默本人也是首先對這項偉大的科學成就表示懷疑者之一。他對一批到實驗室來採訪的記者們說，他對「自己所完成的工作有點感到驚慌失措，」但他又補充說，「但科學家不能出於害怕人類可能利用他的發現做壞事而拒絕推動科學前進。」

但僅僅這種理由並不足以使科學家們打消他們的自責和憂慮。

1945 年 10 月 16 日，格羅夫斯特地舉行一個儀式，表達軍方對洛斯阿拉莫斯研究室全體工作人員的感謝。

歐本海默在洛斯阿拉莫斯代表接受這項獎勵，從他在典禮上的致辭內容，多少可以看出他對這項他參與製造的武器已開始感到道德上的責任問題：

> 如果原子彈成為武器之一，一個備戰國家的武器之一，那我相信不久之後，人類將詛咒洛斯阿拉莫斯與廣島事件。

　　世界上的人類若不和平共處，那就是步向毀滅的開始！這個摧毀無數生命的戰爭，已為我們揭示了這個道理，而原子彈更為人類再次證明這個道理。

　　日本投降之後一個月左右，他們的同事菲利普‧莫里森在阿爾伯克基地方廣播電臺上做了關於他們所作所為的後果的講話。

　　莫里森報告了他參加原子彈破壞情況調查組的觀感說：

　　　我們最後在廣島上空低飛盤旋，幾乎不相信自己的眼睛。在飛機下面原來是一座城市，現在是一片燒焦了的瓦礫。

　　　但這並不是用幾百架飛機在一整夜裡夷平的。而只是用一架飛機和一顆炸彈，在相當於一粒子彈飛過城市的一剎那間，就把這座有 30 萬人口的城市變成了一個可怕的大火葬場。這真是前所未見的恐怖景象。

　　　戰爭總算結束了，洛斯阿拉莫斯的工作人員總算可以鬆一口氣了！這群科學家及技術人員也如同一般美國民眾一樣，急欲恢復到正常的生活。

　　對大多數人來說，這意味著離開這片沙漠，回到美國或歐洲的大學裡。其中最迫不及待的，該算是歐本海默了！

　　日本一宣布投降，他就告知格羅夫斯將軍，他想返回大學教書研究的意圖。明確地提出他認為洛斯阿拉莫斯不能再像目前這樣辦下去，特別是「實驗室的主任本人非常渴望知

道何時能解除他目前的工作，因為他對此事極不勝任，而且只是由於戰爭期間為效忠美國而勉強接受了這一重任。」

格羅夫斯很不情願地批准他的離職。

在洛斯阿拉莫斯期間長期擔任歐本海默祕書的普麗西拉・杜菲爾德在回憶他當時的情緒時說：

> 我清楚地記得他收到某大學請他擔任教授的電報時是如何高興，雖然對方的報酬少得可憐，只有每年10,000美元。這種年薪對於像他這種地位的學者來說，可以認為幾乎是一種侮辱，但他是如此高興，這表明他急於離開洛斯阿拉莫斯。

由於原子彈計劃收縮，許多科學家回到學術界之後，那些留在洛斯阿拉莫斯的人產生了一種極度的沮喪情緒。

8月21日，在弗里施手下工作的一位青年科學家哈里・達格里安正在兩個接近臨界的半球形鈈塊外面安裝作為反射層的鈾塊。每個鈾塊重約12磅。

當裝入最後一塊時，它滑進了臨界裝置的中心，於是裝置立即達到臨界，並且產生一道藍色的電離閃光照亮了整個房間。

達格里安拚命想把這鈾塊敲出去。在這一瞬間，他受到致命劑量的照射。他的雙手和胸部受到二度燒傷，同時發燒，兩星期後燒傷部位起泡，同時頭髮脫落。他在事故發生後的第28天死去。

達格里安之死使人不可名狀地感到似乎是某種無形的疾病，在留在當地的許多人中間蔓延、加劇，使他們消沉甚而感到痛苦。這也像是一種「報應」，讓這些製造這種新式殺人武器者最後被新武器所殺。

有人認為達格里安是第一名因輻射而致死的人，但事實不然。廣島的居民已經在第一枚原子彈爆炸後親身領受了這種可怕的「毒物」。

有一位倖存者控訴道：

> 我的女兒，她看上去沒有被燒傷，而且只有輕微的外傷。她暫時似乎一切平安。
>
> 但在 9 月 4 日，她突然病倒了。全身出現斑點，頭髮開始脫落，並多次吐血。我感到這必定是一種很特殊的可怕的疾病。我們非常害怕，醫生也束手無策。
>
> 經過 10 天痛苦的折磨，她終於在 9 月 14 日悲慘地死去。我認為這對於我女兒簡直是太殘酷了，她絲毫沒有參加戰爭，但竟這樣無辜地被殺害了。

# 積極推動限制核武器

在洛斯阿拉莫斯頒獎儀式結束後沒幾個星期，歐本海默就回到加州的帕薩迪納，在加州理工學院物理系任教。

雖然歐本海默重返加州理工學院，但他完全清楚知道，他不可能逃脫自己肩上所承擔的義務，即使他本人希望如此。

在此之前的一個多月，當史汀生準備離職前最後一次在公眾場合露面時，歐本海默應史汀生要求與他在一家理髮館內會面。

他們坐在一起談論了對原子彈的有關看法，這個事對於他們的影響是太深刻了。最後，史汀生老人從座位上站起來，向著歐本海默說：「現在，原子彈的前途就掌握在你的手中了。」

從事教學工作之後，很自然地，歐本海默又開始從事基礎物理方面的研究。

但他對純理論及研究的興趣，似乎也隨戰爭的結束而降低了許多。不過他倒是發表了幾篇有關一種比原子核內的中子及質子更小的次原子粒子，稱為「介子」的論文。

就在第二次世界大戰前，日本科學家湯川秀樹秀樹已預測到介子的存在，但開戰後，所有的研究工作都被迫停頓下來，轉向較實際的戰爭用品的研究上。

戰爭時期，大多數的科學家都將精力投入製造原子彈上，既屬理論，又離不開工程技術。

在戰後，科學家們又重新回過頭來拾起未完的課題，探討基本的原子組成，發掘原子最基本的組成單位。

讓大多數的科學家都深感欣慰的是，至少這和戰爭沒有直接關係。

對於理論派物理學家來說，這代表著回歸到充滿樂趣的物質研究上，他們最愛不釋手的課題。

戰後，物理學家不再把質子、中子、電子三者視為是原子的基本組成單位。湯川秀樹秀樹所提出的「介子」理論已改變了舊有的觀念。

此時，理論派物理學家開始將注意力集中在「做有關次原子的分類及闡釋」上。

次原子是指比原子還小的粒子，例如：夸克、反夸克、重粒子、強粒子、膠粒子、微粒子等，這些粒子似乎是構成所有物質的一小部分。

歐本海默雖然也嘗試了很久，但他一直找不出時間及動機來做這方面的研究。所以，在第二次世界結束以後很長一段時期裡，他只發表了 4 篇論文。也許他也不自覺地被物理學家的生命期一說所預料：在 30 歲生日前，就已被壓榨一空，一個物理學家的巔峰期是在年輕時代。

在另一方面，美國政府卻不時向他招手，一次又一次地邀他出任資深科學顧問一職。

「政府當局與國會都一再徵求我對原子能問題方面的意見，使我深深感到自己有責任，我也確有興趣並關心這項工作。」

當時，歐本海默很可能認為，作為美國核政策中的一名要員比回到學術生活來得更重要。無可厚非地，「原子彈之父」以及科學界要人的角色當然比較吸引他。畢竟，比起學術界來，政治舞臺要大得多了！

歐本海默在戰時的成就使他一搬回帕薩迪納就得到回報，他受邀為「梅—詹森」（May—Johnson）的法案作證。

這個法案的目的，是將「曼哈頓計劃」中有關工業及科學的機構改製成美國政府中的永久組織。

儘管法案中主要的章節同意由軍方來控制核設施，歐本海默仍大聲疾呼贊成法案通過。他的支持令留在洛斯阿拉莫斯的科學家們十分失望，絕大多數的科學家都主張核研究及鈾的製造應由民間管理及控制。

對在洛斯阿拉莫斯的大多數人來說，歐本海默和國會及作戰部門中的保守人士走得太近了！他則反駁，強調「『梅—詹森法案』通過後，將加速國際間核武器限制活動的進行」。

　　1946 年初，美國政府再次請求歐本海默的協助，這次則是在聯合國新成立的原子能委員會上加入美國代表團，討論國際核武器的條例。

　　全球性的核武器限制一直是他關注的焦點之一。在助理國務卿迪安·艾奇遜的協助下，歐本海默在會中建議美國政府放棄現有的核武器，並和其他各國共享核知識，開放科學研究室及兵工廠，供其他國家檢查。

　　歐本海默這個由玻恩最先提出的意見，卻遭到杜魯門所指派的美國代表團主席伯納德·巴魯克的強烈反對。

　　巴魯克在會中堅持所有由聯合國委員會所作的決定必須由與會代表投票後多數贊成才能通過，任何國家都不得行使否決權。

　　和美國一樣心存猜忌的蘇聯代表，對於無法行使否決權沒有表示出贊同，並且堅持不允許聯合國對蘇聯進行任何檢查，同時要求美國先放棄現有的核武器，否則不願意再進行會談。

　　對於蘇聯方面的強硬態度，歐本海默相信只要巴魯克願對否決權的爭議稍加讓步，應該可以使蘇聯代表再回到談判桌上。

　　為表抗議，歐本海默直接面見杜魯門總統，但會晤進行得並不順利。

　　歐本海默自稱「雙手沾滿血腥」，因為他親自參與了炸彈的研製工作。

　　為他這段話而深感氣憤的杜魯門總統，在會後指示一位助理：「以後別把這傢伙帶來這裡，畢竟他只負責製造，而我才是真正決定投炸彈的人！」

　　巴魯克因此繼續擔任代表團主席，歐本海默則在後來退出代表團，而聯合國這次的會議，就在美蘇兩大強國互不信任的爭吵聲中不歡而散了。

　　這一次的事件對歐本海默所扮演的政府圈內人的角色並沒有發生任何的不良影響。1946 年，他仍多次在參眾兩院作證，協助起草取代「梅—詹森法案」的新法。

　　1946 年末，「原子能法案」在參眾兩院通過後，由杜魯門總統簽署，正式成為法律條文。在這個法案下，創立了一個新的聯邦機構「原子能委員會」來處理所有的相關事宜。

　　這個委員會將永久取代「曼哈頓計劃」。

　　但和「梅—詹森法案」不同的是，這個法案規定由民間控制核能電廠、政府位於田納西州及華盛頓州的鈾鈽製造廠、洛斯阿拉莫斯實驗室，以及任何從事核武器研製的工廠及研究室。

　　在美國國內，為了制定美國原子能政策，成立了以迪安·艾奇遜為首的「特種委員會」，成員包括格羅夫斯、布希和科南特等人。

　　他們又在委員會下設立了一個「顧問委員會」，首任主席由大衛‧利連索爾（David Eli Lilienthal）擔任。他曾是羅斯福總統時代「新政」建設中「田納西河谷管理局」的領導人，那個時候，他就和歐本海默以及格羅夫斯在工作上有密切關係，因為他負責提供大量電力給「曼哈頓計劃」中的田納西精鈾製造廠，因此他也和歐本海默成為好朋友。

　　如眾人所料，他所指派的第一位顧問就是歐本海默。他非常讚賞歐本海默：「他親身證明了人類居然有能力製造出這麼奇妙的東西，真是不枉此生。像這樣的人才，可能要等百年之後才會再出現一個。」

　　格羅夫斯發現自己的主張總是受到利連索爾與歐本海默等人的反對，他抱怨說：「每個人都對他尊重有加，利連索爾尤其言聽計從，甚至連每天早晨搭什麼領帶都要聽歐本海默的意見。」

　　在顧問委員會的全體成員之中，歐本海默當然是具有最豐富的核科學知識的人。1946 年初委員會剛成立時，他實際上充當了利連索爾和其他成員的良師益友。

　　他同時還與伊西多‧拉比詳細討論了美國原子能政策的輪廓。拉比至今還記得，他的起居室位於河濱大道，離開歐本海默童年的住宅不遠，他們兩人就坐在那裡，一邊眺望著哈德遜河上冬季的落日，一邊高談闊論著國際管制原子能計劃。

　　經過兩人的詳細討論，他們寫了一份「艾奇遜—利連索爾報告」，但其中大部分是歐本海默的意見。下面所摘錄的一段反映了該報告的基本大綱：

　　　　國際管制意味著承認這樣一個出發點：即美國的核壟斷地位不會持久……因此，必須建立一種現實可行的國際保安體系，使任何個別的國家或公民只有在國際管制下才允許合法地從事原子能方向的工作。

　　　　因為我們認為，這類工作都存在著導致生產原子彈的潛在危險。

　　現在，經過35年的原子軍備競賽，再回顧艾奇遜—利連索爾報告中的這個建議，似乎顯得有點幼稚可笑，而且樂觀得出奇。

　　但拉比教授是一個非常實用主義的人，他認為當時的氣氛與現在完全不同：「我相信，我們的國際管制計劃在某一時機是有被接受的可能的，而且歐本海默總是迫不及待地希望一切事情儘快辦成。試想，美國在200年前各州原來是相互獨立的，最終也能聯合成為一個聯邦共和國。當時各州肯定都有自己的既得利益而且傾向於各自為政，但在恰當的時機提出了聯合口號，最終克服了各自的局部利益而聯合起來了。這就是我們當時力求國際管制的出發點。」

　　在戰後第一年冬季，歐本海默繼續制訂他自己那一套國際管制核武器的方案。

當時英國、美國和加拿大政府宣布他們願意與任何國家在相互交流的基礎上交換有關核科學的情報，這種態度標誌著在國際管制方面的一個突破。根據三國的建議，並得到包括蘇聯在內的其他國家支持，建立了一個聯合國原子能委員會，事態發展似乎非常樂觀。

除了出任「原子能委員會」總顧問委員會主席之外，他也受邀加入普林斯頓大學旗下一個頗具威望的「高等研究院」。1920 年代創立的這個研究院，一直是著名科學家及哲學家的集中地。歐本海默加入時，其中最有名的一員非愛因斯坦莫屬。

## 核彈專家飽受爭議

1947 年，歐本海默已經成為權力圈內的重量級人物，角色的不同使得他想法改變，開始喜歡普林斯頓，還有研究院。因為這些改變，他在 1947 年搬至普林斯頓，開始頻繁往返於普林斯頓與政府間的工作模式；他在「原子能委員會」內的顧問工作持續到 1952 年，這份顧問工作可以算得上是他在這段時期中最令他滿意的工作。但在政府的權力圈內，懷疑他對國家忠誠度的陰影仍揮之不去。

1947 年 3 月，聯邦調查局從軍方手中接管他戰時的安全檔案，並將這些檔案和軍方在戰爭早期所蒐集的資料，再加

上一些新的消息，全部交給大衛‧利連索爾。聯邦調查局的這份檔案內容，著實令利連索爾及其他委員會吃了一驚，他們對歐本海默的左派傾向一無所知。

為了回應聯邦調查局的警告，利連索爾以及委員會委員路易‧斯特勞斯決定召開祕密會議，來討論是否仍保留歐本海默的顧問一職，並且洗清他的安全記錄，讓他有機會繼續接觸所有美國核機密。

利連索爾及斯特勞斯兩人，私底下和歐本海默的交情都不淺；斯特勞斯甚至幫他爭取過「高等研究院」院長一職。

因此，他們對聯邦調查局丟在他們眼前的消息並未全然在意。「原子能委員會」的委員們開始調查戰時與歐本海默共事的人員，威能瓦‧布希和詹姆斯‧科南特，兩人的證詞都對歐本海默有利，證明他在洛斯阿拉莫斯服務期間「明白地表現出他對國家的忠誠」。

調查終結後，甚至聯邦調查局局長約翰‧埃德加‧胡佛都不得不承認歐本海默是清白的。

1947 年夏天，委員會決定保留歐本海默顧問團主席的職位，所有對他的指控都不足以成立；另外，他對國家的貢獻十分重大，致使無法免除他的公職。

但至少在斯特勞斯心中，歐本海默的聲望已因聯邦調查局的檔案而染上了汙點，再加上兩人之間微妙的個性衝突，

逐漸在斯特勞斯心中擴大，以致造成日後兩人對立的情況。

　　而洛斯阿拉莫斯的實驗室也被重新改製為一個純研究的機構；位於華盛頓州漢福特鎮的反應爐獲得重新翻修；而田納西州橡樹嶺的儀器也逐步現代化。

　　雖然這些改變，都與他常掛在嘴邊的「限制核武器」相互衝突，但他卻為置身在政府核心中，比身為一個圈外的抗議者更能夠影響各項事件的發展，因此，他才修正了他在戰後的各項努力。私底下，他則對好友承認，他對於世界強權間簽署一份限制武器條約的可能性已不抱任何希望了！

　　在這段期間，他仍保持對理論物理的涉獵。他發起一個每年舉行一次的高能物理會議，邀請世界頂尖物理學家齊聚一堂，討論在原子結構研究上的新觀念及方法。

　　1948 年是歐本海默戰後生涯中的高峰。他不再是位默默無名的科學家，他在科學以及政府公職上優秀的雙重角色，人們稱他為「原子彈之父」，《時代》雜誌在封面上刊登了他的巨幅照片，名揚四海。

　　各報刊還廣泛引用他的一段得體的談話，其中表達了他與其他參加「曼哈頓計劃」的科學家的那種懺悔心情。他說：「無論是指責、諷刺或讚揚，都不能使物理學家們擺脫本能的內疚，因為他們知道，他們的這種知識本來不應該拿出來使用。」

在 1948 年發行的第一期美國科學期刊《今日物理》中獲得肯定，在這本創刊號中登出一幀照片，照片中歐本海默的平頂軟帽，放置在重型機器的一堆管線上。

這幀照片的意義，無須文字來解釋，每位美國科學界及政壇人士都認得歐本海默的這頂帽子。這張封面只是更加肯定：在 20 世紀的美國科學成就中，歐本海默比其他任何一個人更具代表性的地位！

歐本海默在科學界的聲譽使他有可能接近政府的最高官員，從而成為他影響政治界的資本。他應邀參加各式各樣的委員會，經常在華盛頓，不時應徵充當各種顧問，並且似乎已沉湎於這種新的生活方式之中。

儘管歐本海默在洛斯阿拉莫斯的成就受到那樣廣泛的讚揚，在政府中擔任地位顯赫的顧問職務，仍然受到科學界絕大部分人的衷心尊敬，但他仍然無法避免受到外界批評的困擾。

與歐本海默有 10 年以上私交的菲利普・莫里森發現，他們之間現在已經沒有共同語言了。他向哈康・舍瓦利耶說，歐本海默「完全在另外一個圈子裡生活」。

他不斷用親暱的語氣提道：「喬治認為如何如何……喬治考慮怎樣怎樣……」最後莫里森不得不問這個「喬治」是什麼人，原來歐本海默指的就是國務卿喬治・馬歇爾將軍。

　　此時的一切都表明，歐本海默在這個時候很享用擁有的特權與顯赫的高職位。但歐本海默的這種轉變究竟是單純由於作為一個科學家的個人責任感，還是至少帶上對權力越來越大的興趣呢？連他的一部分同事都開始產生懷疑了。

　　在科學家同事們看來，對原子能進行軍事管制的問題上，歐本海默再次辜負了他們對他的信任，其中許多人甚至表示永遠也不會寬恕他。歐本海默甚至在他們眼裡就變成了所謂的「御用科學家」。

　　在戰後，許多科學家都在爭取核能不再繼續受到軍方控制，但他們發現歐本海默並沒有全力阻止軍方擔任領導及參與到有關的委員會中。

　　但歐本海默有他自己的理由：至少可以使當時「失去目標，失去方向，成為從事這項工作的人員的沉重包袱」的曼哈頓計劃生存下去，並始終認為這會推動某種國際管制的體制的建立。

　　他的弟弟法蘭克積極參與洛斯阿拉莫斯科學家協會，並自稱為「理想主義的局外人」的典型代表。他並不認為他哥哥的行為背離了共同的基本目標，相反，他認為分歧僅在於達到目標的方法。

　　他回憶道：「羅伯特希望更直接地由政治方面入手解決這個問題。從一開始，他就認為我們沒有花費足夠的時間去爭

取他認為最重要的目標，也就是要簽訂原子軍備國際管制協議，因此，他認為必須集中力量影響政府系統以內的人士。」

確實，歐本海默的工作作風完全與其個性相符。他無論在任教或領導洛斯阿拉莫斯期間，都希望能全心全意地從事一項工作並得到完全的信任。現在他又全心全意地從事新的任務，仍然希望再次得到完全的信任，然而，他不明白目前他是在爾虞我詐的美國政治圈內工作，他這種作風肯定會惹來麻煩的。有些針對他的批評，則是他那種有「特色」的個性上引起的。

他在戰時突出的表現，使得他的個性又「死灰復燃」，也就是他自稱的「劣根性」，對人那種傲慢、愛搭不理的態度。這個他一輩子也改不了的個性到後來成了他喪失權力的一根導火線。

有些批評是由於他在擔任顧問委員主席時所作的決定而造成，第一個問題源於第二次世界大戰剛結束時。

在那時候，愛德華·泰勒和一小部分科學家仍留在洛斯阿拉莫斯，埋首於名為「超級炸彈」的氫彈，氫彈的威力，可以設計成比「小男孩」或「胖子」炸彈更強百倍，甚至千倍。然而，儘管他們努力不懈，研究進行得並不順利。

他在歐本海默離開洛斯阿拉莫斯前，要求研究室能支持他的「超級炸彈」研究工作，卻遭到歐本海默一口否決。

歐本海默的否決，深深地傷害了泰勒。歐本海默認為該做的都已做了，留在洛斯阿拉莫斯只是在浪費時間罷了！

沮喪且深受打擊的泰勒在 1946 年離開洛斯阿拉莫斯，接下去的兩年裡，他一直留在芝加哥大學教書。直到他在 1948 年又回到洛斯阿拉莫斯，重新開始他心愛的研究。

很顯然地，歐本海默相信在洛斯阿拉莫斯的研究工作應該專注於改善較簡單的分裂式炸彈上。

1947 年 7 月，美國政府只擁有 13 件核武器。在歐本海默看來，在核武器數量仍嫌不足的情況下，政府應該全力提高產量，而不是分散力量在研究其他炸彈上。

對歐本海默手下大多數的科學家來說，他的意見單就科技的觀點來看是十分有道理的，不過從一個十分「政治化」的角度來說，他仍飽受批評。

## 堅決反對軍備競賽

在第二次世界大戰結束之後，蘇聯開始在其所控制的東歐境內國家裡，推行共產主義民主制度，並且推翻原有的民主政府以共產政權取而代之。

另外，蘇聯也公開發表聲明，聲稱支持英法殖民地的任何共產黨及左派活動。

對於這種對美國及其他西方盟軍的軍事挑戰，美國境內

的政治家們開始心存警戒，憂心忡忡。

於是對戰前和共產黨或任何激進政治活動有關聯的個人或團體，都積極地展開了強有力的政治反擊。

在對蘇聯歇斯底里的反應中，還夾雜著恐懼。這便是：唯恐蘇聯研製成功原子彈。

歐本海默和其他洛斯阿拉莫斯的科學家們開始對政府官員上交簡報，評估蘇聯研製原子彈的可能性，其中包括杜魯門總統。

結論是美國根本無法阻止蘇聯，蘇聯研製成功只是時間的遲早而已。

根據戰後的評估顯示，蘇聯大概還需 7 年至 10 年的時間才有辦法開發成功，也就是說，美國還可以獨享核武器的祕密到 1953 年或 1954 年。

因此，當蘇聯在 1949 年 9 月 23 日引爆了它的第一顆原子彈時，美國和其他一些國家都感到十分震驚。

蘇聯的第一顆原子彈，命名為「Joe-1」，參考自史達林的暱稱。

第一次蘇聯的核試爆也引起了美國民眾的強烈恐慌，並加深了他們慣有的反共情緒。

尤其是一些右派的政治家們更是開始灌輸一個觀念，那就是美國是被自己的人給出賣了。

另外，國會的委員會亦開始調查一般美國人及公眾人物的政治信仰。

這些國會團體中，最激進的就是眾議院中的「非美活動調查委員會」反共機構。這個委員會開始調查於第二次世界大戰前後時期，在伯克利厄尼・勞倫斯的迴旋加速器實驗室中相當出名的共產黨活動。

由於歐本海默曾經和實驗室裡的年輕科學家們交流頻繁，他就很自然地成為重點調查對象。

1949 年，「非美活動委員會」的調查員傳喚歐本海默作證。委員會也對歐本海默的弟弟法蘭克十分有興趣，他在一份銷路頗廣的報紙報導中更透露出他自己永遠是共產黨員的身分。

大戰期間，法蘭克在田納西州的精鈾製造廠工作，該廠產品主要是提供給三一基地的核研究使用，對許多議員來說，完全不是一個好消息。

一開始，歐本海默的作證還進行得十分順利。

想必是這些國會議員也折服於他的名聲之下。委員會中的一位助理說，委員會「並不想為難你」，又說，「你的忠誠記錄，還會有格羅夫斯將軍出面擔保」。

委員會成員接下去又問到歐本海默以前的學生 —— 羅西・洛馬尼茨以及其他認為可以聯想到的人。

　　然而，歐本海默盡力地為大多數人辯護著，除了貝爾納·彼特斯外。他認為，彼得斯這個人太過激進，不足以委任任何政府的機密工作。

　　他對彼得斯的指控，激怒了許多他在伯克利及其他地方的朋友、同事，並使他與在 30 年代參與激進政治活動時，所結識的許多朋友的友誼關係畫下了永久的休止符。

　　接下來，委員會又問歐本海默有關他弟弟在共產黨內的活動。

　　對這一點，他則提出了一個大膽的要求。他說：

　　「主席先生，我請求你們不要逼問我有關我弟弟的問題；如果這些問題真的很重要，就請去問我弟弟他本人。如果您非要堅持來詢問我，我仍會據實地來回答。但是，我還是想在此提一個要求，請你們別問我這些關於我弟弟的問題。」

　　最令人不可思議的是，這個以絕不接受任何證人意見出名的委員會，這次竟然一改常態，一致同意歐本海默的意見。

　　在圓滿地結束這場對全國最受尊崇的科學家之一 —— 歐本海默的質詢後，多位議員，其中包括來自加州的理查·尼克森，均公開地讚揚了歐本海默。

　　根據在場的一位「原子能委員會」律師說，歐本海默當時是「令全場的議員為之傾倒」！

　　歐本海默在此次「受審」的下一個星期，又出席了另一個國會委員會。這次他的主要任務是為另一項技術事件作證，他又再次作了一場不同凡響的公開演講。

　　在這次聽證會上，他展露出自己超乎尋常的口才，以及為他樹敵無數的、天生的諷刺態度。

　　這次，他是以技術專家的身分出席聽證會的。舉行這次聽證會的是原子能的共同委員會，包括參眾兩院議員，旨在調查「原子能委員會」將輻射原料送至美國盟國研究室的這一舉動，是否觸犯國家安全法。

　　不少參議員以及「原子能委員會」的路易‧斯特勞斯，特別關切一批運至挪威的鐵的放射性同位素，這批原料是送往挪威的兵工廠以協助鑄造技術，改善生產的鋼材的強度。

　　以歐本海默的看法，這些輻射性原料的價值，僅在一般例行的實驗用途中。

　　他更強調，這些同位素根本不具任何機密的軍事價值。他說，這些同位素在原子能的軍事用途上「不具任何地位」。

　　他又針對斯特勞斯個人補充了一句：「沒有人能強迫我這樣說：這些同位素絕不可能被用於發展原子武器。因為任何東西都可以用於發展原子武器。你可以說，一把鐵鍬可用於發展原子武器，事實也正是如此。你也可以說一瓶啤酒可用於發展原子武器；事實也是如此。」

「但只要有一點頭腦的人，就可以看到，不論在戰時或戰後，這些同位素對於發展原子武器都沒有重要作用。依我看，這些同位素的重要性……根本連電子儀器都不如，不過倒是比維生素重要一些！」

在他說完這些話後，整個房間立刻笑聲不斷；不過，很明顯地，其中有一位聽眾並不覺得有趣。

坐在歐本海默身邊的約瑟夫·沃爾普看見了斯特勞斯當時的表情：他瞇起雙眼，兩頰肌肉發顫，滿臉通紅，顯然是被激怒了。

斯特勞斯是個不輕易忘記侮辱的人，他總有一天會對歐本海默採取報復行動，來回敬他在這天自以為聰明卻是相當殘忍的行為。

歐本海默和斯特勞斯的分歧，演變成杜魯門總統政府中保守派和自由派間更嚴重的意見之爭的導火線。

蘇聯第一枚原子彈「Joe-1」的成功試爆，也就標誌著美國在國際上這一領域的核壟斷地位已被打破。美國政府頓時感覺到了沉重的壓力。它必須採取一些行動來安撫一般民眾突然襲來的不安全感。

在 1949 年整個秋天，美國一些政府機構私底下展開了激烈的辯論，辯論焦點在尋求與蘇聯的應對之道上。

其中一邊，包括愛德華·泰勒、路易·斯特勞斯以及美國

空軍在內，都要求立即展開計劃，研製可行的氫彈，與之持相反意見的則是「全國性顧問團」大多數成員，甚至還包括「原子能委員會」中的多數委員。

對歐本海默及他的同事來說，要求立即研製氫彈更暴露出訂立限制武器條約的需要；對他們來說，這些軍事將領和其他人發起的武器製造要求，只是代表著一項大規模武器競賽的開始，競賽中還有數不清的危機隱藏著。

「全國性顧問團」的其他科學家更注意到，把氫彈當成一項軍事武器根本是不可能的；它所蘊涵的爆炸威力之巨大，只能算是一項毀滅全世界的工具而已！

而陸軍總司令奧馬爾·布雷德利將軍也強調，氫彈的價值只在於它的恐嚇作用。

氫彈注定是城市毀滅者，或者如同歐本海默在「全國性顧問團」呈給杜魯門總統的報告附件中寫的：「一項會造成大規模滅族慘劇的武器。」

因為這個理由，再加上製造氫彈仍有很大的技術問題，顧問團投票反對了氫彈的研究案。

顧問團中另一成員恩里科·費米寫道：

　　基於這項武器威力無限的事實，它的存在以及製造技術對人類來說是禍不是福，不管怎樣，它都是邪惡的。

也因為這些顧慮，我們相信，美國總統有必要讓美國老百姓及全世界的人們都知道，就基本的道德原則來說，要開始這種武器的研製計劃，是大錯而特錯的！

軍方、國防部部長，甚至新任國務卿迪安·艾奇遜均不贊同這項評估結果。

就在此時，一件事的發生終止了雙方的爭論。

1950年1月27日，英國駐華盛頓大使館的原子能專家弗雷德里克·雷伊爾·米拉爾爵士緊急訪問了副國務卿羅伯特·墨菲。

他通知墨菲說，英國已經在倫敦逮捕了原子間諜克勞斯·富赫斯。

在經過嚴刑拷打和審訊後，被捕的富赫斯如實地供認了他在整個戰爭期間以至戰後一直向蘇聯遞送情報的事實。

富赫斯在洛斯阿拉莫斯的專利委員會內工作時，併負責登記所有可能在戰後申請專利的新發明，所有與他在洛斯阿拉莫斯共事過的人，都知道他在原子彈計畫中掌握多少機密。因此，人們相信蘇聯必定已經知道有關裂變彈與超級彈的全部重要機密。

愛德華·泰勒也是了解富赫斯的科學家之一。

他立即聯想到所有有關超級彈的建議，包括最新的想法，都曾經寫入富赫斯提供的絕密《發明登記表》內，現在

蘇聯必定全部掌握了這份材料，而且蘇聯人可能看到後還會譏笑他填寫得亂七八糟。

泰勒在大怒之餘，立即採取行動。

在 1 月 30 日，即富赫斯被捕後的第一個工作日，泰勒與勞倫斯聯名寫信給參眾兩院聯合原子能委員會。

他們明確地指出美國目前已經別無選擇，只能儘快地推進超級彈製造的計劃。

他們的請求是如此之堅決，使得聯合委員會也不得不立即採取了緊急行動。

委員會的成員們會見了總統，並且憂心如焚地告訴總統說：「你最好駁回顧問委員會的決定。泰勒先生說只有一種選擇，就是立即全力發展超級彈。」

當天稍晚一些時候，歐本海默也會見了總統，匯報了富赫斯涉密的範圍。

然後杜魯門舉行了一次會議，參加者有國防部部長馬歇爾，國務卿艾奇遜和利連索爾。

利連索爾仍然堅持反對立場，結果 3 位總統顧問以兩票對一票決定開始一項研製超級彈的緊急計劃。

第二天凌晨 1 點左右，在白宮新聞發布會上宣讀了美國總統的如下聲明：

　　身為三軍總司令，我有責任保衛我的人民抵抗任
何可能的侵略。因此，我指示「原子能委員會」繼續
所有核武器研製計劃，包括氫彈，也就是超級炸彈。

　　這樣，歐本海默竭力爭取的終止軍備競賽的局面就壽終
正寢了。杜魯門的決定不僅打開了熱核軍備競賽的大門，而
且改變了美國政府內部各派力量的平衡。

迷茫歲月

# 失意晚年

身為一位科學家必須堅決確信，世上的知識以及它
所賦予的力量對全人類具有真正的價值。

—— 歐本海默

# 受到政治迫害

在富赫斯醜聞之後，緊接著又有一項指控，告發歐本海默一直都是共產黨員。

有位名叫西爾維亞・克勞奇的女士，向附屬在加州立法機關下的清共委員會告密，她的丈夫以前是位共產黨員，她指控歐本海默曾主持「一個共產黨最高組織的會議……這個組織十分重要，一般共產黨員都不清楚內部細節」。

歐本海默立刻發表聲明，「他未曾加入過共產黨」，也沒有在「我的房子或任何地方」主持過共產黨會議。

然而，克勞奇女士的指控，使得一直保持警戒的聯邦調查局又再度緊張起來，開始對普林斯頓及其他各地的歐本海默家族進行電話監聽以及巡邏監視。

更糟的是，有關歐本海默叛國的謠言開始在政府機構間傳播開來。對他最懷疑的是空軍將領們以及路易・斯特勞斯，路易・斯特勞斯在歐本海默的好友大衛・利連索爾退休後，於 1952 年接任「原子能委員會」主席一職。

空軍之所以不信任歐本海默，乃是因為他阻礙了空軍成為三軍中最強大的一支。

空軍十分清楚，氫彈若研發順利，將會為空軍帶來好處，因為戰爭一旦爆發，需要更多的飛機及運輸計劃來運送這個巨大的核武器。

簡而言之，一個氫彈的誕生，也就代表一個更壯大、更重要的空軍部隊，這是每位空軍將領都追求的目標。

很快地，空軍就開始表明對歐本海默的不滿，空軍的首席工程師大衛·葛利格在「原子能委員會」表達他的意見：「製造氫彈的過程中，有一路障，那就是『全國性顧問團』，尤其是歐本海默博士的干涉。」

後來，當葛利格當面提出這項指控時，歐本海默大發雷霆，指責葛利格「喪心病狂」。最後，為了緩和這個爭論，空軍部長湯姆士·芬來特邀請歐本海默一起共進午餐來討論這個問題。

在這次會面中，歐本海默的「劣根性」暴露無遺。芬來特認為這個物理學家的表現實在「粗魯得令人不敢相信」！餐後，待歐本海默離開後芬來特告訴席間的同事：「我相信，你們大概不會希望我對他還保留任何好感吧！」

到了 1952 年，歐本海默所提的國家核政策一再遭到否決。愛德華·泰勒和數學家斯塔尼斯拉夫·烏蘭姆兩人共同突破了氫彈設計上的困難，得以製造出第一個粗略的氫彈實體。

泰勒在烏蘭姆的建議下放棄原先利用熱度來促進原子融合而改用原子彈爆炸瞬間所釋放出的 X 光所產生的熱量去「啟動」。

　　這些以光速傳輸的 X 光比熱波速度快很多，有效地「煮熟」氫原子，提供足夠的熱量，使得氫原子在「啟動」爆炸把氫彈炸散之前就開始進行融合。

　　由「原子能委員會」所舉行的第一次試爆於 1952 年 11 月 1 日在西太平洋的埃內韋塔克環礁進行。科學家預測，這顆命名為「麥克」的氫彈可以產生約 100 萬噸至 200 萬噸的威力，也就是相當於在廣島爆炸的 20,000 噸炸彈 100 倍的威力。

　　結果，威力竟高達 1,040 萬噸，相當於三一基地及廣島試爆炸彈的「500 倍」！一位目擊者描述：「火球的直徑大約有 5,000 公尺。」甚至在 16 公里外的目擊者都為其威力所震撼。在場的科學家為他們所創造的威力也深感驚愕及害怕。但這枚重達 65 噸氫彈仍無法以飛機運送。

　　無論如何，這次試驗代表著武器競賽中新的一章。在政府內部，對歐本海默的謠言攻擊更加嚴重。

　　在國會極端保守的約瑟夫・麥卡錫參議員開始對歐本海默的共產黨背景展開調查。同時，參眾兩院聯合的原子能委員會又再次對歐本海默進行調查，在這個委員會中，就有他曾在眾人面前取笑過路易・斯特勞斯。

　　1953 年 12 月，聯合委員會分別送出一封信，給聯邦調查局以及「原子能委員會」，信中依次列出歐本海默的罪行，部分內容如下：

在 1939 年至 1942 年間，歐本海默是位相當強硬的共產黨員，他不是自願就是受指示將資料透露給蘇聯，從事間諜活動。更可能的是從 1942 年起，他就是一名間諜！

更可能的是從 1942 年起，他就在蘇聯的指示下影響美國在軍事、原子能、情報及外交上的政策。

這份國會新的調查報告，不僅破壞了歐本海默的名聲，也損及「原子能委員會」的威信，路易‧斯特勞斯立即採取行動，阻止參議院展開調查。

從 1953 年聖誕節起，斯特勞斯下令不准歐本海默得知核武器發展的任何最新消息。另外，原子能委員會也根據聯合委員會的報告準備對歐本海默進行起訴。如果指控屬實，「叛國罪」成立，那麼歐本海默將被剝奪接近國家核機密的權力，也不準參與任何相關的政府研究工作。

在起訴開始之前，原子能委員會官員私底下要求歐本海默辭去「全國性顧問團」主席一職，當他拒絕辭職時，委員會主席斯特勞斯就要求展開祕密起訴。

他在給斯特勞斯的信中說：「你認為，我請求原子能委員會終止我的顧問合約也許會是個皆大歡喜之舉，因為那樣會曚混過關……我認真考慮了這個選擇，但是，在目前情況下，這樣做就等於我承認了自己不適合為政府服務的看法，而我到現在已經差不多做了 12 年。如果真不稱職，那我就不會在這個

位置上工作這麼長時間，也當不上普林斯頓研究院的主管，也不會在眾多場合代表我們的國家和我們的學科發言。」

整個聽證會以審判的形式由 1954 年 4 月 5 日一直進行到 5 月 6 日。歐本海默的審判過程和一般美國法庭的審判有一些特別不同的地方。

> 第一，一般審判是公開的，但他的審判卻祕密進行，一直到《紐約時報》在 4 月中旬發掘出來，才改以公開方式進行。
>
> 第二，一般審判的被告律師有權看任何原告律師的資料，但在歐本海默的案子，一些對他不利的證據卻以國家安全為理由不准他的辯護律師過目。
>
> 第三，很多對歐本海默不利的證據，都來自一些匿名的消息，以及非法的電話錄音內容，這兩項在一般審判中都是不被接受的。

1954 年 6 月 28 日，因為歐本海默的遠見才得以存在的「原子能委員會」竟投票通過剝奪歐本海默的國家安全許可權。

在這項判決的最後一條，委員會判定羅伯特‧歐本海默「人格偏差、不夠深謀遠慮、極具危險性、與叛徒相勾結」，因此不再適任公職。

歐本海默的間諜罪並未成立。他的主要罪行反倒是他莽

撞及傲慢的個性，以及他在 1945 年至 1950 年間反對氫彈的研發。總而言之，歐本海默的權力運用已近尾聲，美國政府再也不需要他的意見及諮詢服務了！

# 麥卡錫主義的餘威

1950 年代的反共熱潮，有時也被稱為「麥卡錫主義運動」，是根據在這次反共運動中最重要的一位威斯康辛州參議員約瑟夫‧麥卡錫來命名的。除了歐本海默之外，也有不少人因此斷送前程。

他的弟弟法蘭克亦遭受很多打擊，在他以前的共產黨員身分被公開後，他在明尼蘇達大學教書的工作就保不住了，後來在一直找不到物理研究或教學工作的情況下，他在科羅拉多州買了處牧場安定下來，過著平靜的生活。但他的學歷及知識卻因此浪費了！

在戰後 10 年內，歐本海默以前的學生戴維‧玻姆、羅西‧洛馬尼茨以及貝爾納‧彼特斯，全都在聯邦調查局以及美國國務院的黑名單上。跟著歐本海默到普林斯頓工作的玻姆在 1949 年被判藐視國會，因為他拒絕前往國會的反美活動委員會去為他的過去辯證。

被免除普林斯頓大學教職後，玻姆前往巴西聖保羅大學任教，那是當時唯一提供工作給他的地方。之後，他又歷經

千辛萬苦才得以前往英格蘭教書。

美國陸軍由於對羅西‧洛馬尼茨的忠誠有所顧慮，使得他在戰時只做個軍隊中的士兵。戰後，他則在福斯科大學教授物理。不過，洛馬尼茨最後也被傳喚到反美活動委員會中為自己的過去作證，而他也引用「第五條修正案」:「保護證人，免於為自己作證」拒絕合作。

他因此被福斯科大學開除，1950 年代時，他一直待在奧克拉荷馬州做些勞力工作，一直到 1960 年代中期，他才又回到學術崗位，在新墨西哥州礦業技術學院任教。

甚至到 1954 年恢復到單純學術生活後，歐本海默仍然和玻姆及洛馬尼茨這些人保持距離。對這些在 1930 年代的伯克利把他當成偶像的學生，歐本海默現在則把他們視作禍源，他不想再和這些人有任何瓜葛。他們將他完全毀滅，因此，他也無情地在這個時期將這些激進的人們全部趕出他的生活。

1964 年，歐本海默在晚年收到一封這些人其中之一所寄來的信，這人就是他在伯克利的同事哈康‧舍瓦利耶。

舍瓦利耶當時正在寫一本有關歐本海默以及第二次世界大戰時伯克利情況的書。他要求歐本海默同意發表一份他 1940 年代初所持有的資料。

舍瓦利耶在信中寫道:

我之所以會和你聯絡是因為我們兩人從 1938 年至 1942 年間，都曾是共產黨某一單位的黨員。我希望能以恰當的方式來處理這件事，於是我決定將我所記得的事實報導出來。

因為這也牽涉到你的生活，而我以為你根本不必為此而感到羞辱，如果它不能被公開，我深覺遺憾。

歐本海默回了一封刻板的信給舍瓦利耶：「我從來未曾加入共產黨，更不是共產黨某一單位的黨員。我自己很清楚這事實，而我以為你也知道。」

舍瓦利耶因此信守諾言，未在書中提到歐本海默與共產黨員的關係。

為了躲避記者的騷擾及不斷的電話鈴聲，歐本海默全家決定前往維爾京群島的別墅去度個長假。在戰後，歐本海默漸漸地厭倦了「培洛卡立安地」這片新墨西哥州的農場，於是選擇加勒比海的海洋氣候。

在他們的身後，美國人民對於共產主義及蘇聯的恐懼仍未減少。在這種氣氛下，任何一絲風吹草動，對右派政治不合的言論或是不當的謠言，都會轉變成對個人忠誠及操守的攻擊。

儘管歐本海默在維爾京群島，仍逃不過這種恐懼所衍生的攻擊。不知怎地，聯邦調查局聽到謠言說蘇聯正在想辦法誘使歐本海默投誠，這些著急的調查局人員開始追查歐本海默的下落。

當他們確定了他的行蹤後,便算準他回國的日子,對他嚴加追問這個謠傳的真實性。他否認了這些控訴,並向聯邦調查局保證,如果真有這個情況他一定立刻通知他們。

他公開斥責聯邦調查局的愚行,一位調查員轉述道:「雖然他認為蘇聯是傻瓜,但他認為蘇聯不至於傻到接近他,更別說向他提出這種建議。」

私底下,歐本海默一定在想這種折磨不知要等到何時才會結束?當他在渡假時,千方百計要摧毀他政治生涯的斯特勞斯,又忙著打擊他這位昔日好友的學術地位。斯特勞斯先前為歐本海默爭取到「高等研究院」的院長職位,現在則反過來要求普林斯頓大學開除歐本海默。

斯特勞斯在夏天對同事吹噓:「如果歐本海默自己不提辭呈,學校也會要求他走人。」又說:「高等研究院的董事會,13 位董事有 8 位會投票要歐本海默辭職。」

但顯然,董事會的大多數成員在經過幾個月的深入評估之後並不附和斯特勞斯的做法。在 1954 年 10 月,歐本海默又再次當選院長,他也一直都留在研究院裡,直至病逝。

# 重新得到肯定

愛德華·泰勒指出歐本海默有著一種殉道者的變態心理。這也許是一個刻薄評論，但歐本海默確實由於先天和後天的各種條件的巧合而構成了這種形象，使他發展成為一個傳奇式的人物。

他柔和的音調和深思熟慮的談吐，他修長而清瘦的身材頂著一頭鐵灰色的美髮，這些體質上的特徵使他頗適合於充當這樣的角色。他受審判的這段時期足以構成一部傳奇，而歐本海默本人似乎也樂意走上犧牲的聖壇。

歐本海默究竟在人們的心目中產生怎樣的影響，可以從約翰·馬遜·布朗的著作中得到啟示。這位《當代人物》的作者生動地描繪了歐本海默：

> 為了彌補他身體上的脆弱，他的個性變得分外倔強。他說話的語氣豪邁，好像連身體也因此變得壯大起來，這是因為他對他所表達的內心願望如此之強烈，以致使人把他身體的瘦弱忘得一乾二淨了。

> 他那纖弱的雙手和瘦得像雞爪似的手指，在他與人談話時，不是拿著角質框架的眼鏡做手勢，就是用他的右肘或左臂迅速地畫圈，再不然就是用手拍打他那瘦得像公火雞般的脖子，好像在向人顯示他如何瘦弱。

至於這場審判所產生的影響，布朗寫道：

> 這場審判的陰影彷彿像一個常住的客人那樣一直
> 留在歐本海默的家中。凱瑟琳一直對此事義憤填膺，
> 這種憤慨的心情是可以理解的。

歐本海默竭力想忘掉這一切，他振作起精神，用聖經式的語言說了一句自我解嘲的話：「爾勿怨天尤人。」

當布朗問他，這場審判是否像把耶穌釘在十字架上的刑罰，歐本海默苦笑著說：「不至於那麼冷酷吧！我還能感受到我手心裡的血是熱的呢！」好多年以來他一直忍受著這種惡意誹謗的痛苦。

他被革職後，華盛頓大學撤銷了讓他擔任高能物理會議主席的邀請。

1954 年 10 月，歐本海默重新當選為普林斯頓高級研究院院長，聯邦調查局撤銷了對他的監視。同時在研究院內設立賓館，專門招待訪問歐本海默的客人。歐本海默成為一個經常出去訪問、經常接待來訪的著名人物。

現在他有更多的時間用於管理研究所的行政工作，同時他也發現自己與迪思‧蒙哥馬利意見不合。迪思‧蒙哥馬利是他研究院的一位數學家，他感到歐本海默更偏愛物理和哲學，而不太喜歡數學和應用科學。許多人聽過他們兩人的大聲爭吵。

蒙哥馬利提出要求說：「我要應徵世界上最好的人才。」

歐本海默的回答是：「這一點我清楚，但我們必須考慮到這些人是否符合這的工作需要。」

歐本海默的確酷愛物理。在戰後，他從加州帶來一批能力很強的學生與他在一起工作，並且籌建了一個研究室。

1958 年，歐本海默應法國索邦大學邀請，以交換物理學教授身分於 4 月帶著凱瑟琳與女兒前往巴黎、以色列、希臘和比利時。歐本海默更多地應邀到各大學講學，參加宴會。

華盛頓大學也對 1954 年取消對他的邀請致歉，並再次邀請他去參加理論物理的國際會議。法國人授予他榮譽勳章。馬林‧迪特里希稱他為當代傑出的人物。

1960 年，他收到「日本人才交流委員會」的邀請。在日本機場上，他受到了一群記者的包圍，有人問：「現在你對製造原子彈感到內疚嗎？」他回答：「我在製造原子彈的技術上獲得了成功，這一點並不後悔。」他又說，「我並不是說我不認為原子彈是件壞事，我一向認為它不是一件好事。」

隨著甘迺迪總統在華盛頓掌權，歐本海默的地位有了很大改善。政府的新官員中，小亞瑟‧史列辛格、麥克喬治‧邦迪以及迪安‧魯斯克等曾經都是歐本海默的學生。他們一直認為，歐本海默是一個出類拔萃的人。

1962 年，在白宮招待諾貝爾獎獲得者的宴會上，也請了

歐本海默。原子能委員會主席格倫‧西博格問他，是否願意申請一次安全聽證會來恢復名譽。歐本海默說：「在我有生之年，我是不會重提此事了。」所以他的朋友們只好另想辦法來為他恢復名譽了。

一種可能是由原子能委員會授予他一年一度的恩里科‧費米獎。他們徵求了前一屆得獎人愛德華‧泰勒的意見，泰勒感到這是一次結束他與歐本海默之間分歧的機會，也可以改善十年來他所處的尷尬境地。經過一系列複雜的程序，4月白宮正式宣布 1963 年費米獎獲獎人為歐本海默。

歐本海默本人對此也感到欣慰，他立即發表一項聲明：「我們大家都指望得到同事們的好評與政府的嘉獎和信任，我也並不例外。」

很多記者要求他多說幾句話，但他拒絕了。「今天不是該我多說話的日子，我不想傷害那些目前尚在這方面工作的人。」

1962 年 11 月 22 日白宮宣布甘迺迪總統本人將在一週後出席主持授獎儀式。不幸的是，當天下午甘迺迪總統就在達拉斯遇刺身亡。

白宮宣布甘迺迪總統仍將主持 11 月 22 日的授獎儀式。這一天正好是芝加哥的第一座費米的反應堆達到臨界的 21 週年紀念日。

授獎儀式在白宮內閣會議廳舉行，一開始甘迺迪作了簡短的講話。他說，「我的一項重要決策就是批准了這次授獎。」然後，他「代表美國人民」授予歐本海默榮譽狀、獎章以及 50,000 美元的支票。歐本海默隨即站了起來，稍作沉思並看了一下獎章，然後對甘迺迪總統說：「總統先生，您今天來為我頒發費米獎，表現了您的仁慈和勇氣。依我看來，這對我們國家是一個好的預兆。」

很多人都認為這次授獎表示恢復了歐本海默的名譽，但實際上並沒有改變多少他的處境。他仍然被認為不可信任，不能接觸國家的機密。對歐本海默來說，從革職生活中得到解脫，反倒磨鍊了他的個性。他周圍的人注意到他的傲慢態度消失了，取而代之的是自我嘲笑與更加謙虛、和藹。他的兒子彼得察覺出父親對他更加慈愛了，因此他們的關係重新親密起來。

由於歐本海默不再掌握權力，他力圖透過另一種方式來為促進世界和平而工作。為此，他爭取到阿格尼斯‧邁耶夫人的贊助。

邁耶夫人是一位有錢的寡婦，丈夫曾是《華盛頓郵報》的老闆。歐本海默想召集世界最有名望的知識分子，來討論和平、文明世界的先決條件。

邁耶夫人非常高興地把她在紐約基斯科山上的房子拿出

來提供會場。這樣，在 1964 年夏天，他們兩人舉辦了在基斯科山上舉行的第一次會議。

參加的人有天主教各界人士，包括現任政府顧問喬治‧基斯塔科夫斯基，蘇格蘭的人類學家摩里斯‧卡爾斯泰爾斯博士，瑞士的哲學家珍妮‧希爾提小姐以及詩人羅伯特‧洛厄爾。

在前幾次的會議，參加者盡可能坦率地作自我介紹。然後再轉入對社會進行總評論。歐本海默是一位科學家，他希望透過這種方式來評價這個特殊組織是否適於用作分析這個世界的工具。為了鼓勵別人坦率發言，歐本海默就像對他最親近的朋友那樣，把自己的心裡話一股腦都說了出來。

他說：「直到現在，尤其是在我那幾乎無止境的青春時期，我對自己的所作所為總是感到厭惡與內疚。不論是做了某事，或不做某事；不論是寫一篇物理論文，或作一次學術報告；也不論是怎樣讀書、怎樣談話、怎樣戀愛，都會在我內心引起這種感覺。」

「最後我發現，如果不承認自己所看到的只是真理一個局部，那麼我就無法與他人共處，為了擺脫偏見並成為通情達理的人，必須承認對自己所作所為的懷疑是有必要的，而且是很重要的。但僅僅有這樣的認識還不夠，必須找出一種辦法從另外一個角度來考察自己的言行，因為別人看待這些言

行與我的立場並不一樣。所以，我需要了解別人對我的看法，我需要他們。」

這一次會議和其他許多類似的會議一樣，沒有得出什麼結論。對目前的時弊進行了很中肯的分析，然而卻找不出未來解決的途徑。

對於以後如何繼續舉行這種會議，歐本海默的觀點是具有啟發性的。他在一次會議上說：「我們每個人首先必須立志深入研究當前最壞的現象並成為解決這方面問題的專家。」

歐本海默懷著如此堅定的信念並以其獨有的風格講出這樣的話，使人聽起來好像是一句至理名言。這對於那種長於空談而缺少實踐，對於那種愛好評頭論足而不願身體力行的流行風尚，無疑是一種鞭撻。沒有一個人能夠否認這次會議的良好願望，歐本海默也很希望以後再舉行更多的這類會議。

就在那一年，歐本海默回到洛斯阿拉莫斯參加物理學家尼爾斯·玻爾逝世兩週年紀念大會，並發表了演講。會場上擠滿了聽眾。話音未落，全場起立歡呼，熱烈鼓掌，掌聲經久不息。這真是激動人心的「榮歸故里」場面。

同年，當他返回伯克利時，12,000多名群眾又以同樣的熱烈歡呼對他表示歡迎。這些激動人心的時刻深深地感動了歐本海默，他知道，他的所有努力都得到了回報。

　　這也是他最後一次到洛斯阿拉莫斯訪問，因為他的健康正在嚴重地衰退。1965 年他患了肝炎，使他的身體越來越虛弱。他不得不辭去研究所所長的職務，而接替愛因斯坦當了理論物理的高級教授。

　　過了不久，1966 年，他被診斷出患了喉癌，他又不得不辭去教授的職務。對他喉部的腫塊開始進行放射性治療，並一直持續了幾個月。

　　到 6 月時，他只能拄著拐棍勉強行動，但他仍出席了普林斯頓大學學位授予儀式，接受了名譽學位，榮譽狀對他的評價是「物理學家和水手，哲學家和騎士，語言學家和廚師，喜愛美酒與名詩。」

　　在與某一家雜誌的記者交談時，歐本海默笑著講述了一位將軍的軼事。他說：「在一次戰鬥之後，當檢閱部隊時，這位將軍在一名士兵面前停了下來，問道：『你在戰鬥進行時做了些什麼？』這名士兵的回答是：『我活了下來。』」

# 調查對家庭的衝擊

在「原子能委員會」審判後的幾年，對歐本海默及其家人來說，都備受煎熬。

歐本海默和凱瑟琳夫婦二人在洛斯阿拉莫斯時就喜歡酗酒，而後來多年被調查的緊張生活使他們更多地飲酒，不可避免地摧殘了他們的身體。

甚至有一些朋友、同事也完全不再聯絡，包括與哈康·舍瓦利耶夫婦的交往以及與愛德華·泰勒的學術交流。

從聯邦調查局的 4 份報告中可以看到歐本海默所經歷的苦難。在 1955 年初，歐本海默夫婦再一次到維爾京群島渡假，有一名在那的情報人員報告說，「歐本海默喝酒喝得很凶，事實上已經到了糟蹋自己的地步。」

3 個月後，5 月 27 日，聯邦調查局在紐瓦克辦公室的另一名特工人員報告「據可靠消息，他確知歐本海默已回普林斯頓，醫生已命令他臥床休息，一直到 5 月 31 日星期二才許起床。這就表明，歐本海默已經到了精神上崩潰的地步」。

但凱瑟琳是受刺激最深的人。因為她感情上受到的壓力與胰腺的疾病綜合在一起，需要不斷地服藥治療。她的生活方式還跟過去一樣，經常在下午或晚上和老朋友們一起酗酒。

據她的弟妹傑基回憶：「我還能記得在她家裡度過的一個典型的夜晚，讓你坐在廚房裡，聊天，喝酒，不吃別的東

西。然後大約到晚上 10 點左右，凱瑟琳打幾個雞蛋到平底鍋裡，再加點辣椒，然後就著這些東西再喝酒，這就是我們所吃的一切了。」

其他到過她家吃飯的人也發現凱瑟琳在晚宴開始時是一個和氣的女主人，但時間一長，她的行為和儀態就慢慢地失去自制。歐本海默總是盡一切可能寬容她。

1950 年代初期的痛苦歲月也影響到他們的兩個孩子。彼得一直熱愛他的父親，在聽證會達到高潮時，他在他臥室裡的黑板上寫道：「美國政府不公正地指責某些人，我知道這些人正在受到不公平的待遇。由於這是事實，我認為美國政府中有那麼一些人，可以這樣說，應該入地獄。你的忠誠的人民的一分子。」

聽證會後，彼得的朋友們發現，彼得似乎對任何擾亂他父親生活的行為都表示憤恨；他不願意別人提到任何有關他父親被解除政府職務的事。

他想盡一切辦法多有些時間和他的父親待在一起，但歐本海默仍然是一個經常不在家的父親，從而很難與他的孩子們相處得很親密。

歐本海默愛他的一雙兒女，想對他們表達愛意，但他的嗜好卻是很難懂的法文詩、印度哲學以及古典音樂，都是一些讓孩子根本不懂也不會喜歡的東西。

不過歐本海默在星期天仍然和家人在一起打撲克牌,有時他看看電視中的節目以便稍事休息。

然而,到 1950 年代中期,彼得已長成一個非常害羞的少年。多半是由於他父親的不幸,使彼得在學校裡成績不十分出色。

彼得被送到賓夕法尼亞州的貴格派教會的喬治學校去讀書,因為歐本海默認為貴格會教徒為人正直。他對兒子彼得的期望太高,而彼得卻無法追上父親的腳步。

1958 年,彼得未能通過普林斯頓大學的入學考試,這令歐本海默十分氣憤,為此不讓彼得跟他們一起去歐洲進行為期兩個月的學術講演旅行。

在暑假結束前,彼得曾由喬治學校回過一次家,由於覺得父親對他的關懷不夠,他發誓以後再也不回家了。不久彼得就動身去美國西部旅行,最後到達科羅拉多法蘭克叔父家的農莊,在那住了幾個月。

從那時起,歐本海默父子之間見面的機會就少多了。母親凱瑟琳與彼得也多年相處不和,在母子爭論中歐本海默總是不可避免地站在凱瑟琳一邊,這樣就使家庭關係更加惡化。

然而,彼得和歐本海默雙方對這種分離都感到痛苦,歐本海默不止一次縮短了他在維爾京群島海濱小屋渡假的日期,原因是他「非常想念彼得」。

在歐本海默家庭和工作諸事不順的時候，有一些同事為歐本海默提供了精神上的支持，特別是漢斯‧貝特、尼爾斯‧玻爾，以及歐本海默在加州理工學院及洛斯阿拉莫斯的同事物理學家羅伯特‧巴徹等人，使他從心理上得到了一些慰藉。

大致來說，他對他自己的沒落坦然接受，祕密審判後的災難及結果似乎讓他更成熟。當記者問他，如何將痛苦及失望置之腦後時，他只說：「我不能憤怒地過一輩子！」

# 長期的政治「囚徒」

歐本海默曾對朋友說，如果把用於監視他所花費的資金的一小部分給他，他就會成為百萬富翁。像他這樣受到如此嚴密而長期的監視的人的確不多。

1942 ～ 1955 年，除了一兩次很短的時間外，歐本海默的行動都有人跟蹤，他的電話被竊聽、信件被檢查，他的辦公室和家裡都被安裝了竊聽器。

在長達 13 年之久的時間裡，特工部門曾幾次劍拔弩張，對收集到的材料進行了詳盡的分析。然而結果是，仍然允許他繼續工作。

經過了安全委員會徹底的調查後，也只能得出結論：儘管把歐本海默早期「捲入左翼活動」看做「最嚴重」的事件，但從中也找不出「不忠誠的跡象」。

在 1940 年蘇德簽訂條約及冬季戰爭後，他所寫為美國共產黨辯護的文章是為保衛美國共產黨爭取自由的立場，而非維護美國共產黨與蘇聯的聯繫。

據聯邦調查局報告，在 1942 年 10 月史蒂夫·納爾遜和其他共產黨員之間的談話表明，他們對歐本海默仍抱有興趣，但也正足以說明歐本海默對美國共產黨是不積極的。

儘管如此，負責保安部的官員仍然把這一類材料看做是線索，將歐本海默置於嚴密的監視之下。

但這一時期內一直跟著歐本海默的中央情報局特工人員，並沒有提出確有間諜活動的任何憑證。的確，格羅夫斯曾由歐本海默口中套出了舍瓦利耶的名字，其後格羅夫斯允許歐本海默繼續從事原子彈的工作。

因此，在安全委員會對所有不利於歐本海默的證據進行了評價後，也不得不承認，「歐本海默博士是高度謹慎的，他對保守重大機密顯示出異乎尋常的能力。」

但當格雷的安全委員會提到氫彈問題時，起初只是作為考驗歐本海默的誠實。

「我們不能只根據他行為的動機是不是出自對美國的不忠誠，而否定了歐本海默對於發展氫彈的影響。我們的結論是：無論其動機如何，美國的安全已受到他的危害。我們相信，如果歐本海默博士熱情地支持氫彈計劃，美國會更早地做出應有的努力來發展氫彈。」

**失意晚年**

　　事實上，安全委員會採用推理的方法，把歐本海默對某項武器策略上的反對態度上升到政治高度來做結論。於是他們指責歐本海默的理由是他的意見影響太深。

　　為了達到目的，他們採取從政治上評價歐本海默對美國政策造成影響的手段，而不去真正判斷他實際上是否是保安危險分子。

　　正如歐本海默的一位老同事指出的，這是一種充滿危險性的做法。

　　塞繆爾·古德斯米特在 1954 年 4 月 30 日說道：「我並不是說歐本海默的建議全部是正確的，全部值得重視，但如果提議人的堅定主張偶然與政府當局的主張相反，因此就把他說成對國家不忠誠，那民主制度的基本原則，即允許發表不同意見，就會很快被集權主義的強制性統一所取代。」

　　歐本海默被捲進的這一場有關武器策略的政治鬥爭，為什麼不能透過正常的政治渠道來解決，這真是毫無道理。

　　歐本海默是一位受聘的顧問，在他的合約即將到期時，原子能委員會的委員們趕在他快要不受他們的裁決約束之前，急急忙忙地透過了這項決議。

　　歐本海默作為顧問委員會的顧問或主席，他的職責是在受到諮詢時說出自己的意見。正如伊西多·拉比在聽證會上一針見血地指出的：「這個人是你們請來的顧問，如果你們不

喜歡聽他的意見，就別問他好了，除此之外，還有什麼可責難的呢？」

然而，不管人們如何深信民主制度本身擁有容納並最終解絕不同意見的無限潛力，如果想要依賴保持一個強大的保安體系來維護某個國家的憲法和政治理想及其政策，這本身必然是一種政治行動。

這種想法和政策不可避免地會成為保安官員用來判斷是否構成保安危險的標準。

以克勞斯・富赫斯案件為例。在他還沒有參加「曼哈頓計劃」之前的 1941 年，就受到英國保安官員的注意。駐布里斯托爾的德國領事報告說，富赫斯與左翼分子有密切聯繫，然而英國保安官員對這份報告表示懷疑。

首先，他們認為德國領事提供的消息是有偏見的，同時他們也相信富赫斯可能僅僅是向蘇聯泄露機密而不會向英國的主要敵人德國泄露。然而在美國則不然，美國很早就認為蘇聯是更大的威脅，正是這樣的背景，歐本海默以及其他的左翼分子才受到審查。

在這段期間內，有 475 萬多人受到審查，其中只有 560 人或者是被辭退了或未被錄用。在這萬分之一的人數中，又有幾個是真正的危險分子，這就無人知曉了。然而，不管這個計劃花費了幾十億美元，至少還有 11 個透過了嚴格審查的

人，被作為間諜清除出去了。

歐本海默在 1943 年與鮑里斯·帕什交談時，就很清楚地意識到這一點。他說，「我對於這種該死的科學資料保密制度的看法是：與我們正在進行的工作有關的資料，是所有願意進入這種研究的政府都可能已經發現了的。」

由此可以引申出下一個問題：這種保安制度到底是確保什麼？如果很多機密都是「保不住」的，而為了保護這些保不住的機密又需要耗費巨額資金，而且又是漏洞百出，並非萬無一失的，那它到底為了保護什麼呢？通常的答案總是：為了保護「自由」世界和反對共產主義。但事實果真如此嗎？

在第二次世界大戰以前，保安系統還是不完備的。政府和軍隊工作的出發點是：人民是可以信任的。

但自從那時以後，由於超級大國之間軍備競賽在很大程度上促使保安系統膨脹。它們成為製造國與國之間的猜疑，並鼓勵人與人之間互相不信任的機構。

這種體系所打的旗號是保護「自由」世界去反對共產主義。在 1951 年阿拉·巴爾特在他所寫的《自由人的忠誠》這本書中這樣地描寫一個「權力主義者的社會」。

「任何一個美國人如果聽說某一國家，他們的警察有權去偵察守法公民的私生活，他們的政府官員有權去剝奪合法組織的一切權利，他們的行政法庭有權根據匿名證詞，用祕

密審訊手段對付僅僅由於信仰和並不構成犯罪的行為進行判罪，那他一定會毫不遲疑地得出這樣一個結論，即這個國家一定是在專制暴君的統治之下。」

而「審訊」歐本海默的正是這樣的一個國家，他的私生活受到調查。他所參加過的組織事後被「誣陷」為非法的。他受到「行政法庭」「根據匿名證詞」而判了「罪」。這一切都是以「保安」的名義進行的。

但是美國僅僅是「自由」世界裡符合上述權力主義社會特徵的許多國家中的一個而已。這就是為什麼歐本海默案例並不是一個法律上誤判的孤立事件。

## 走完人生曲折道路

隨著時光的流逝，歐本海默的健康情況也迅速惡化。在回答他朋友的詢問時，他對病情作了客觀的分析。

1966 年 10 月，他寫信說：「我的癌細胞正在迅速擴散，因此我需要接受進一步的放射性治療，這一次要用電子感應加速器的電子束來照射。」

到 11 月，他又寫道：「我現在講話和進食都更困難了。」

1967 年 2 月中旬，他寫道：「我感到相當疼痛……我的聽覺和語言能力都極差。」

幾天以後，1967 年 2 月 18 日晚上，歐本海默溘然長逝

於紐澤西州普林斯頓的家中，享年 62 歲。

他的葬禮在 1967 年 2 月 25 日舉行。這天天氣異常寒冷，但與歐本海默一生各個時期有接觸的人都參加了葬禮。他們中有科學家、政治家、小說家、作曲家、詩人，以及來自各行各業的熟人和敬仰者，多達 600 多人。

林登‧詹森總統派他的科學顧問唐納德‧霍尼西代表白宮參加追悼會。

前來憑弔的諾貝爾獎得主有：伊西多‧拉比，他從 1920 年代歐本海默留學歐洲起就一直是他的好友，是能與歐本海默交心的幾個人中的一個。尤金‧維格納、朱利安‧施溫格和埃德溫‧麥克米蘭。還有羅伯特‧澤爾貝爾，從戰前在伯克利時開始，多年來一直是他的左右手和知心人。

在洛斯阿拉莫斯工作時期共事的格羅夫斯將軍，也乘專機趕來參加葬禮。在歐本海默聽證會上站出來支持他的人，約翰‧蘭斯達爾，這位戰時的保安官員，從克利夫蘭乘飛機趕來向死者告別。

漢斯‧貝特、亨利‧德沃爾夫‧史邁斯以及喬治‧凱南等，都發表悼詞。

認識歐本海默已經 30 多年的漢斯‧貝特說道：「在提高美國理論物理學家的地位方面，他的成就超過任何人，他是一個帶頭人，但他並不霸道，他從不命令人們做什麼，他激發了我們心中最美好的東西，就像主人款待客人一樣……」

在洛斯阿拉莫斯，在與德國人進行製造原子彈的比賽中，歐本海默領導成千上萬人，把一片荒蕪之地變成了一座超級實驗室。把來自四面八方、個性各異的科學家凝聚在一起，打造出了一支高效的團隊。

所有實驗室的元老們都深知，如果沒有歐本海默，他們在新墨西哥州製造的那個初級「玩意」就不可能在戰爭中及時完成並派上用場。

歐本海默在普林斯頓的鄰居、物理學家史邁斯第二個發言。1954 年，史邁斯是原子能委員會中唯一投贊成票為歐本海默恢復名譽的人。

作為祕密「安全聽證會」是「一場鬧劇」的現場證人，史邁斯說：「如果這種冤案永遠得不到平反，我們歷史上的這個汙點就永遠不會被去掉，我們深感遺憾的是，他為他的國家所做的巨大貢獻得到了這樣吝嗇的回報……」

喬治·凱南最後做了發言。喬治是一名老外交，出任過大使，參與制訂美國第二次世界大戰後對蘇聯的遏制政策。他是歐本海默在高等研究院的同事和朋友。當初凱南跟美國軍事化冷戰政策唱反調的時候，是歐本海默領導的高等研究院接納了他。

凱南說道：「人類最近征服自然所獲得的能量，已經遠遠超出其道德所能掌控的程度。沒有人能比歐本海默更清楚地認識到，這種不斷擴大的道德和能量的比例失調將會給人類

帶來巨大的危險。他比任何人都渴望能夠為制止大規模殺傷性武器所導致的巨大災難盡一份力。在這裡，他想到的是整個人類的利益。他看到了實現這些願望的巨大可能性。」

凱南接著說：「在 1950 年代早期的那些黑暗的日子裡，當厄運接二連三地從四面八方向他撲來的時候，當他發現自己身處爭議漩渦中心的時候，我提醒他，國外有 100 個以上的科學研究中心歡迎他去工作，問他是否想過到國外定居，他含著眼淚告訴我：『見鬼，我深愛著這個國家。』」

瑞拉德絃樂隊演奏了貝多芬 C 小調四重奏的兩個樂章，然後凱瑟琳和法蘭克在研究所的圖書館裡接待了來賓。

人們冒著惡劣的天氣，共同悼念歐本海默的去世，同時追思他的一生。在人們眼裡，他是原子彈之父，他是偉大的物理學家，他是風度翩翩、慷慨的老師，他也是美國反對共產黨運動最大的受害者……歐本海默的骨灰用飛機運到維爾京群島，並拋撒在那的大海裡。

他這一生最佳的寫照，可以用他在戰後訪問洛斯阿拉莫斯時所發表的演說來表述：

> 身為一位科學家必須堅決確信，世上的知識以及它所賦予的力量對全人類具有真正的價值；科學家更必須確信，你是在利用它的力量來傳播知識，而你也願意承受一切的後果。

# 未完成的和平事業

有人說歐本海默是個偉大的科學家，因為在他的領導下，製造出了原子彈；也有人說他是個戰爭罪人，因為不用原子彈，戰爭也會結束。

但不管怎麼評說，在他一生的努力中，至少有一點值得後人所懷念和敬重。那就是他在世界限制核武器上所表現出來的勇氣及遠見。

1963 年，是歐本海默被拒於政府門外的 9 年後，也是第一次聯合國限制武器會議失敗後的 17 年，美蘇兩國終於簽訂了核武器限制條約。

這個《核武禁擴條約》中，明文規定兩國不得在地球上、太空中或海洋中進行核試爆。這個條約限制所有的試爆都必須在地下進行，以避免輻射性原子塵汙染地球。

美蘇兩國提起而呼籲其他國家跟進，為限制核武器的擴張及試爆踏出第一步。這項呼籲獲得了熱烈的響應，到了1990 年，已有 111 個國家簽署了《核武禁擴條約》。

儘管這項條約未能很實際地減少美蘇兩大超級強國所擁有的核武器數目，但它卻代表著邁向世界限制武器道路的一大步。

從條約簽訂後至今，美蘇兩國都不斷努力控制核武器的生產及擴散。整個過程起伏不定，兩國不時作出讓步及妥

協，以互相取信於另一方。

第二個重要的條約，是美蘇兩國在 1968 年簽訂的「核不擴散條約」，目的在於防止非核武製造國取得核武器。

核武器國家為了表示對非核武國家拒絕核武器擴展的支持，承諾在這些國家建造核能發電廠，發展核能的和平用途。

這項核電計劃提供落後國家一個便宜且可靠的電力來源，對許多貧窮的發展中國家助益良多。

不過，在 1968 年後，又有 4 個國家增加核武器配備，包括以色列、巴基斯坦、印度和南非。這個令人擔憂的趨勢，是玻恩及歐本海默早在 1942 年就預料到的。

從 1972 年開始，美蘇兩國開始著手解決較困難的問題，試圖限制然後降低雙方的核武器存量，美蘇兩國大概都有 15,000 件左右的核武器。同年，兩國又簽訂「策略性武器管制條約」，限制兩國地面及海上遠程導彈的數量。

儘管這個協定未能實際降低雙方核武器的數量，但卻為自第二次世界大戰以來美蘇兩國的武器競賽畫上了第一個休止符。

在協定之後，又有一些武器條約，有些也是比較成功的。但美蘇兩國協定的大突破是在 1989 年，雙方第一次真正地削減了各自軍備中核武器的數量。歐本海默的精神仍一直在引導這些限制武器的努力。

　　這些協定為歐本海默的理唸作了最佳的證明：國家間的衝突，不是以戰爭的手段，而是依賴國際間的協商才能化解。

　　歐本海默一生的努力及遭遇，為的就是要創造出一個和平的世界，讓人們彼此都在追求和平及相互了解。他所留下的這份未完成的事業，全留待有志者去完成了。

失意晚年

# 附錄

無論是指責、諷刺或讚揚，都不能使物理學家擺脫
本能的內疚，因為他們知道，他們的這種知識本來
不應該拿出來使用。

—— 歐本海默

# 經典故事

## 為別人開啟大門的人

　　歐本海默有時缺乏耐心，他不會在某個問題上糾纏。正是因為這個，其結果經常是他開啟了大門，而別人借助他做出了重大發現。

　　1930 年，歐本海默寫了一篇舉世聞名的論文，在這篇論文裡他運用直接理論探討了光譜線的無限性。氫光譜線的分離暗示著，氫原子的兩種可能狀態在能量級上存在細小的差異。物理學家狄拉克反駁說，在兩種狀態下氫都應該具有同樣級別的能量。

　　歐本海默不同意上述觀點，但他沒做進一步判定。然而幾年後，他一位攻讀博士學位的學生、實驗物理學家威利斯·蘭姆，最終解決了這個問題。

　　這個所謂的「蘭姆位移」把兩種能量級的不同準確地歸因於相互作用的結果，在這個過程中被充電的粒子和電磁場相互作用。

　　1955 年，蘭姆獲得了諾貝爾物理學獎，獲獎的部分原因是他對「蘭姆位移」的精確測量，這項發現是量子動力學發展過程中的關鍵性一步。

経典故事

## 愧疚

1942 年，歐本海默被任命為第二次世界大戰時洛斯阿拉莫斯實驗室主任，是負責製造原子彈的「曼哈頓計劃」的技術領導。

當原子彈試爆成功時，歐本海默「對自己所完成的工作有點驚慌失措」，而在心中浮起了「我成了死神，世界的毀滅者」的感覺。

當原子彈在廣島和長崎擲下以後，歐本海默心中的罪惡感就越發難以解脫了，以至於在受到杜魯門接見時脫口而出：「總統先生，我覺得我的雙手沾滿了鮮血。」

氣得這位美國總統大叫：「以後不要再帶這傢伙來見我了。無論怎麼說，他不過只製造了原子彈，下令投彈的是我。」

而面對記者，歐本海默則坦言：「無論是指責、諷刺或讚揚，都不能使物理學家擺脫本能的內疚，因為他們知道，他們的這種知識本來不應該拿出來使用。」

## 一張簽了名的十美元紙幣

1945 年初夏，在軍方的一再施壓下，歐本海默終於同意把第一次原子彈試爆的日期定在 7 月 16 日，星期一。

由於試爆前一次的小型試驗失敗，許多人責難爆炸物理專家基斯塔科夫斯基，他回憶道：「歐本海默那幾天神經有點

緊張。我告訴他沒問題，還和他打一個賭。我用一個月的薪水賭他 10 美元，賭的內容是爆炸一定成功。」

前幾天失敗的那次小型試驗原因查明，罪魁禍首是一個失效的感應器，設計沒有任何問題。

試爆成功時，歡呼雀躍了一會，大家這才開始相互握手道賀。「大家相互拍肩膀，笑得像孩子一樣」。

基斯塔科夫斯基找到歐本海默，向他討打賭的 10 美元。爆炸成功了，他贏了。歐本海默掏出空空的皮夾，要他等一等。

大家回到洛斯阿拉莫斯以後，歐本海默特別舉行了一個儀式，把一張簽了名的 10 美元紙幣鄭重地贈送給基斯塔科夫斯基。

# 年譜

1904 年 4 月 22 日，歐本海默出生於美國紐約一個家境富裕的猶太人家庭。

1921 年，以 10 門全優的成績畢業於菲爾德斯頓文化倫理學院，因病延至次年入哈佛大學化學系學習。

1925 年，以榮譽學生的身分畢業於哈佛大學。隨後被推薦到劍橋三一學院深造。

1926 年，轉到德國哥廷根大學，跟隨玻恩從事理論物理研究。

1927 年，以量子力學論文獲德國哥廷根大學榮譽博士學位。

1929 年夏天，回到美國，不幸感染了肺結核，在新墨西哥州洛斯比諾斯鎮附近的一個農場上養病。病癒後，在柏克利大學和加利福尼亞大學任教。

1940 年，他跟生物學家凱瑟琳·普寧結婚。

1942 年 8 月，被任命為研製原子彈的「曼哈頓計劃」的實驗室主任，在新墨西哥州沙漠建立洛斯阿拉莫斯實驗室。

1945 年 7 月，原子彈試爆成功。同年 8 月，美國將原子彈分別投到日本的廣島和長崎。

1947 年到 1966 年期間，擔任紐澤西州普林斯頓高級研究院院長。

1947 年，擔任原子能委員會總顧問委員會主席，這個委員會和愛因斯坦一起，反對試制氫彈，認為會引起軍備競賽，威脅世界和平。

1953 年 6 月，美國政府對他進行審查，在一場著名的聽證會上，美國能源委員會沒有發現其犯有叛國罪，但仍決定他不能再接觸軍事機密，並解除了他的職務。

1953 年 10 月，普林斯頓大學恢復他高等研究院院長職務。

1963 年 12 月 2 日，新任美國總統將費米獎頒給歐本海默。

1965 年，患了肝炎，身體不佳。

1966 年，被診斷出患有喉癌，辭去「高等研究院」院長一職，並退休。

1967 年 2 月 18 日，因喉癌在普林斯頓的家中去世。

# 名言

堅定信念，相信自己。

我很瘦弱，但我的心很堅強。

找個好老師比找個好情人更重要。

看心理醫生不如買張去旅遊的車票。

選準努力的方向會使成功更容易些。

隨意做的事有可能會成為你一生的負擔。

不要做你不喜歡的事，那是在浪費時間。

善於聽取別人的意見會讓你變得更加睿智。

如果你的請求被拒絕了，那你就再次提出申請。

如果感覺心情上出現了問題，那就出去旅遊吧！

失敗並不可怕，可怕的是你不去找成功的辦法。

儘快給別人答覆，下次你等待的時間也會少很多。

如果你身邊都是科學家，那也許有一天你也會成為科學家。

獲得信任很容易，只要你忠誠、正直並且從不做不應該做的事。

總想成為第一也不好，因為你承受的痛苦可能比你獲得的榮譽要多很多。

當見證著這個令人難以置信的武器破壞力測試時，讓我回想起印度聖經《博伽梵歌》裡的話：「現在我變成了死亡，世界的破壞者。」

世界上的人類若不和平共處，那就是步向毀滅的開始！這個摧毀無數生命的戰爭，已為我們揭示了這個道理，而原子彈更為人類再次證明這個道理。

電子書購買

國家圖書館出版品預行編目資料

戰爭終結者歐本海默：道德與科學的掙扎，背
負國家使命的原子彈之父，核武終究是必要之
惡 / 陳劭芝，許興勝編著 . -- 第一版 . -- 臺北市
：崧燁文化事業有限公司 , 2022.10
　　面；　公分
POD 版
ISBN 978-626-332-753-5( 平裝 )
1.CST: 歐 本 海 默 (Oppenheimer, J. Robert,
1904-1967) 2.CST: 傳記 3.CST: 美國
785.28　　111014661

## 戰爭終結者歐本海默：道德與科學的掙扎，背負國家使命的原子彈之父，核武終究是必要之惡

臉書

編　　著：陳劭芝，許興勝
發 行 人：黃振庭
出 版 者：崧燁文化事業有限公司
發 行 者：崧燁文化事業有限公司
E - m a i l：sonbookservice@gmail.com
粉 絲 頁：https://www.facebook.com/sonbookss/
網　　址：https://sonbook.net/
地　　址：台北市中正區重慶南路一段六十一號八樓 815 室
Rm. 815, 8F., No.61, Sec. 1, Chongqing S. Rd., Zhongzheng Dist., Taipei City 100, Taiwan
電　　話：(02) 2370-3310　　傳　　真：(02) 2388-1990
印　　刷：京峯彩色印刷有限公司（京峰數位）
律師顧問：廣華律師事務所 張珮琦律師

定　　價：350 元
發行日期：2022 年 10 月第一版
◎本書以 POD 印製